汽车维修快速入门一本通

周晓飞 顾惠烽 主编

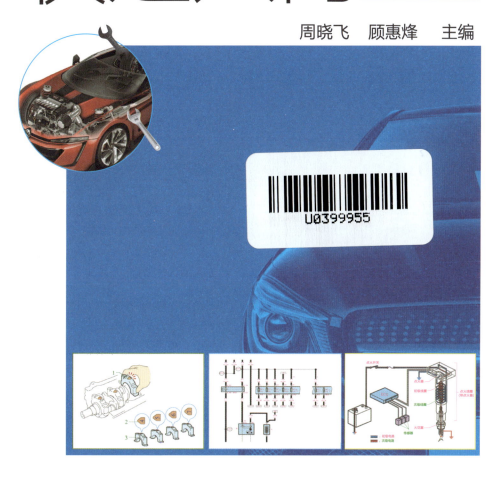

化学工业出版社

·北京·

内容简介

《汽车维修快速入门一本通》主要针对汽车维修入门人员，以"用图说话"的方式，采用大量精美的彩色图片，同时配以浅显易懂、形象生动的语言文字进行讲解。从熟悉汽修职业讲起，然后走进车间接触汽车维修作业，再到留在车间学习汽车维修，最后扎根车间成就"汽修工匠"，循序渐进地进行介绍，引导读者快速入门。

对于较复杂的实操内容，书中还专门配备了"微视频讲解"，扫描书中相应章节的二维码，即可同步、实时观看视频。视频资源与图文内容相互衔接、互为补充，有利于读者快速理解和高效掌握所学知识点。

本书适合汽车维修技术入门人员自学使用，可作为职业技术院校汽车相关专业以及各类汽车维修企业培训机构的教学参考用书。

图书在版编目（CIP）数据

汽车维修快速入门一本通 / 周晓飞，顾惠烽主编. —北京：化学工业出版社，2021.5
ISBN 978-7-122-38645-8

Ⅰ.①汽… Ⅱ.①周…②顾… Ⅲ.①汽车 - 车辆修理
Ⅳ.①U472.4

中国版本图书馆 CIP 数据核字（2021）第 039167 号

责任编辑：黄 滢　　　　　　　　　装帧设计：王晓宇
责任校对：宋 玮

出版发行：化学工业出版社（北京市东城区青年湖南街13号　邮政编码100011）
印　　装：北京宝隆世纪印刷有限公司
710mm×1000mm　1/16　印张15　字数263千字　2022年1月北京第1版第1次印刷

购书咨询：010-64518888　　　　　　售后服务：010-64518899
网　　址：http://www.cip.com.cn
凡购买本书，如有缺损质量问题，本社销售中心负责调换。

定　　价：79.80元　　　　　　　　　　　　　　　　版权所有　违者必究

前言

PREFACE

本书主要针对零起点入门读者介绍汽车维修相关知识和技能。

全书按照"熟悉汽修职业—走进车间—留在车间—扎根车间—不断充电"的顺序，循序渐进地进行介绍；从了解汽车维修，到学习汽车维修，最后成就"汽修工匠"，手把手、一步步地引导读者快速入门。

可以说，本书是一本汽车维修入门的普及读物。全书主要以"用图说话"的方式，采用大量精美的彩色图片，同时配以浅显易懂、形象生动的语言文字进行讲解，力求做到以"图"代"解"、以"解"说"图"，相信即使没有学过机械制图的人员也能看懂。

此外，对于较复杂的操作内容，书中还专门配备了"微视频讲解"，以二维码的形式呈现，读者学习时只需用手机扫描书中相应章节的二维码，即可同步、实时观看视频。视频资源与图文内容相互衔接、互为补充，有利于读者快速理解和高效掌握所学知识点。

本书由汽车维修行业具有多年维修经验的专家团队编写而成，周晓飞和顾惠烽任主编，参编人员有万建才、李新亮、李飞云、樊志刚、边先锋、赵义坤、李立强、刘文瑞、赵小斌、刘振友、宋东兴、石晓东、彭川、陈浩。编写过程中参考了部分技术文献、图书、多媒体资料及原车维修手册，同时也汇集了众多业内维修高手的经验，在此一并表示衷心的感谢！

由于笔者能力和水平有限，书中或许还有不妥的地方，敬请广大读者批评指正。

编者

目录

CONTENTS

第一章
熟悉汽修职业——造就"汽修工匠"

第一节　熟悉汽车维修职业　/1
　　一、汽车维修技师　/1　　　　二、汽车维修技工　/2
第二节　了解汽车维修的工作内容　/3
　　一、基础知识　/3　　　　　　二、专业技能　/4
第三节　合格汽车维修工应具备的素养　/5
　　一、健康要求　/5　　　　　　三、职业道德　/5
　　二、受教育水平　/5

第二章
走进车间——了解汽车维修

第一节　了解汽车维修车间的布局及功能　/6
第二节　了解汽车维修工装及工具设备　/7
　　一、汽车维修工着装　/7　　　二、汽车维修工具及设备　/9
第三节　了解汽车维修作业　/27
　　一、汽车日常保养　/27　　　　四、汽车大修　/30
　　二、汽车养护　/28　　　　　　五、事故车维修　/31
　　三、汽车小修　/29

第三章
留在车间——学习汽车维修

第一节　熟悉汽车维修作业相关注意事项　/ 32

第二节　熟练使用汽车维修工具和设备　/ 36
　　一、便携式维修工具的使用　/ 36　　三、大修工具和设备的使用　/ 43
　　二、日常维修工具的使用　/ 39　　四、特殊维修工具及装备的使用　/ 48

第三节　熟悉日常高概率维修的汽车零部件　/ 49
　　一、发动机零部件　/ 49　　三、变速器零部件　/ 57
　　二、底盘零部件　/ 54

第四节　熟悉高概率的日常维护和检修作业　/ 58
　　一、常规保养　/ 58　　六、火花塞　/ 75
　　二、发动机养护　/ 61　　七、蓄电池　/ 80
　　三、变速器养护　/ 68　　八、轮胎　/ 84
　　四、空调养护　/ 70　　九、OBD 检测　/ 86
　　五、油液检查　/ 73

第四章
扎根车间——成就"汽修工匠"

第一节　掌握总成维修和零部件更换　/ 88
　　一、日常维修和零部件更换　/ 88　　三、发动机大修和装配　/ 128
　　二、发动机拆解　/ 117　　四、变速器维修和装配　/ 139

第二节　掌握汽车电工技能　/ 146

第三节　掌握汽车诊断技能　/ 162
　　一、发动机基本"三要素"诊断　/ 162　　五、发动机冷却故障概览　/ 172
　　二、发动机机油消耗的基本诊断　/ 164　　六、机油压力故障概览　/ 175
　　三、发动机怠速故障基本诊断　/ 166　　七、充电系统故障概览　/ 176
　　四、发动机机械故障概览　/ 167　　八、稳定性关联故障概览　/ 176

九、转向柱和转向盘故障概览 / 181
十、电动助力转向系统故障 / 183
十一、液压制动故障概览 / 185
十二、离合器打滑故障概览 / 187
十三、手动变速器故障概览 / 188
十四、自动变速器故障概览 / 191
十五、空调系统制冷量不足故障 / 195
十六、空调系统制暖气不足故障 / 197
十七、空调制冷系统压力故障 / 198
十八、空调系统噪声和异响故障 / 200
十九、车外后视镜故障 / 201
二十、电动门锁故障 / 203
二十一、仪表故障概览 / 205
二十二、安全气囊系统故障概览 / 207

第五章
不断"充电"——巩固汽修技能

一、点火系统如何实现点火 / 210
二、燃油如何输送和控制 / 213
三、发动机如何产生气缸压力 / 215
四、蒸发排放控制如何运作 / 218
五、废气涡轮增压器如何运作 / 221
六、增压空气冷却器如何冷却 / 224
七、空调系统如何形成制冷循环 / 226
八、氧传感器如何进行监测工作 / 229
九、电子动力转向如何运作 / 231

参考文献

第一章

熟悉汽修职业
——造就"汽修工匠"

第一节　熟悉汽车维修职业

一、汽车维修技师

我们这里所说的工程师领域的"汽修工"也就国家职业资格中机动车检测维修专业技术人员中的机动车检测维修工、机动车检测维修工程师和机动车检测维修高级工程师（目前未开考）三个级别，是原中华人民共和国交通部和原中华人民共和国人事部 2006 年开始实施的一项职业资格，这既真正地实现了一线汽车维修工也能当上工程师，也是目前是国家保留为数不多的水平评价类专业技术资格之一。

1. 专业设置

机动车检测维修专业技术人员职业水平考试分为机动车机电维修技术、机动车整形技术和机动车检测评估与运用技术 3 个专业。

从事机动车检测维修及相关业务工作的专业技术人员报名参加考试时，应根据本人所从事的专业技术岗位选择其中一个专业。例如，在汽车维修中从事技术总监岗位，就可以报考机动车机电维修技术工程师。

2. 对应职务

取得机动车检测维修工职业水平证书，可聘任技术员、助理工程师职务，也就是我们俗称的初级职称；取得机动车检测维修工程师职业水平证书，可聘任工程师职务，也就是我们俗称的中级职称。以后，机动车检测维修高级工程师开考后，取得该级别证书，还可聘任高级工程师职务。

3. 职业资格标识

职业资格标识形式是参照美国国家优秀汽车维修学会"优秀汽车维修"（ASE）制度中的"优秀蓝印"标识设置的从业人员佩戴的臂章，以及用于维修企业展示公示牌（图1-1）。

图1-1　机动车检测维修从业人员职业资格标识臂章和公示牌式样

二、汽车维修技工

首先，"汽车维修工"是现行的2018年版《国家职业技能标准》的标准职业名称，现行职业标准中已经不再称"汽车修理工"，而是改为"汽车维修工"。职业划分也是从以前的"生产制造及有关人员"调整到"社会生产服务和生活服务人员"行列。

1. 级别设置

汽车维修工职业分为五个级别，即初级技能（五级）、中级技能（四级）、高级技能（三级）、技师（二级）、高级技师（一级）。

2. 工种设置

汽车维修工有七个工种，即汽车机械维修工、汽车电维修工、汽车玻璃维修工、汽车美容装潢工、汽车车身整形修复工、汽车车身涂装修复工、汽车维修检验工（汽车检测工）。

在第一届全国技能大赛上，汽车维修是 23 个精选项目之一。在世界技能大赛 63 个选拔项目中，汽车维修有 3 个工种赫然在列，并金、银、铜奖牌均有选手获得。

小贴士：

① 2019 年的第一届全国技能大赛，是新中国成立以来赛事规格最高、竞赛项目最多、参赛规模最大、技能水平最高、社会影响力最广泛的综合性国家职业技能大赛。

② 第 46 届世界技能大赛于 2022 年在上海举办，其中汽车技术、车身修理、汽车喷漆都是参赛项目。

③ 世界技能组织被誉为"世界技能奥林匹克"，是世界技能大赛的组织机构。后来，在"国际职业技能训练组织"50 周年会员大会上，"国际职业技能训练组织"易名为"世界技能组织"。

第二节　了解汽车维修的工作内容

一、基础知识

1. 汽车常用材料

❶ 汽车常用金属和非金属材料的种类、性能及应用。

❷ 燃料的标号、性能及应用。
❸ 润滑油、润滑脂的规格、性能及应用。
❹ 汽车常用工作液的规格、性能及应用。
❺ 汽车轮胎的分类、规格及应用。
❻ 紧固件的种类与代号。

2. 电工与电子基本知识

❶ 电路基础知识（直流电路、交流电路）。
❷ 电路基本元件的名称与代号。
❸ 电子电路基础知识。
❹ 常见电子元件的名称与代号。

3. 液压传动

❶ 液压传动基本知识。
❷ 液压传动在汽车上的应用。

扫一扫

视频精讲

4. 汽车维修常用工量具、仪器仪表和维修设备

❶ 汽车维修常用工量具、仪器仪表和维修设备的种类及功能。
❷ 汽车维修常用工量具、仪器仪表和维修设备的选择及使用。

5. 汽车构造原理

❶ 发动机构造、工作原理。
❷ 底盘构造、工作原理。
❸ 汽车电气设备构造、工作原理。
❹ 汽车车身结构和用材。

6. 其他汽车专业知识

汽车维修工作所涉及的其他相关基础知识。

二、专业技能

汽车维修专业技能工作内容有发动机维护；底盘维护；发动机和底盘技术参数检测，以及故障诊断和排除；汽车电气检修；车身零部件拆卸和安装；汽车整形修复和喷涂；汽车贴膜、汽车玻璃修复和拆装等。

第三节　合格汽车维修工应具备的素养

一、健康要求

具有一般智力水平、表达能力、动作协调性和空间感；手指和手臂灵活性好；有一定的计算能力；从事车身涂装修复的人员应具有正常色觉。

二、受教育水平

汽车维修工最低受教育水平为初中毕业，或相当文化程度。

三、职业道德

对于这个职业，首先要热爱汽车维修这个行业，钻研技术自然是分内之事。应严格执行工艺文件和厂家维修手册要求，且要有很强的质量意识。也要一定有安全意识（比如车间维修现场安全和清洁，见图1-2），毕竟是整天在车间和机器打交道，修电动汽车还要和高压电打交道，所以不能含糊。同时要有环保意识，不要乱丢废弃机油等废弃物。

图1-2　注意车间维修现场安全和清洁

第二章

走进车间
——了解汽车维修

第一节　了解汽车维修车间的布局及功能

维修车间功能见表 2-1。维修车间如图 2-1 所示。

表 2-1　维修车间功能

维修车间及配套功能	主要功能维修车间	具体工位/操作间	备注
维修作业车间	机电维修车间	预检工位	根据维修厂规模可设置预见工位
		维修工位	进行各种维修作业的常用工位
		总成维修间	比如，发动机的拆解大修可以在总成维修间完成
	钣喷维修车间	钣金车间/工位	根据维修厂规模，可设置专门的车间或工位
		喷漆车间/工位	设置专门的车间

续表

维修车间及配套功能	主要功能维修车间	具体工位/操作间	备注
维修作业车间	钣喷维修车间	漆料间	为喷漆车间服务，一般设在喷漆车间内
	专修车间	四轮定位工位	做四轮定位的专门的工位
		轮胎维修工位	更换轮胎和轮胎动平衡专门的工位
维修车间内配套功能设置	领料室（配件库）	服务维修作业，便于拿取配件	为了便于服维修车间，配件库通常在车间设置领料口，或配套配件（库）间
	专用工具间	—	根据维修厂规模，可专设专用工具间、休息室、培训室
	休息室	—	
	培训室	—	
安全和处置功能设置	旧件间	存放更换下来的废旧配件	—
	废机油处理间	存放更换下来的废旧机油	必须设置专门的处理间

(a) 机电维修车间(工位)　　　(b) 喷漆车间(工位)

图 2-1　维修车间

第二节　了解汽车维修工装及工具设备

一、汽车维修工着装

1. 维修工着装（图 2-2）

（1）工作服　为防止事故发生，工作服必须结实、合身，以便于工作。

为防止工作时损坏汽车,不要暴露工作服的带子、纽扣、钥匙链等。

(2)安全鞋　工作时要穿安全鞋。因为穿着凉鞋或运动鞋危险,易摔倒并因此降低工作效率,还能使穿戴者容易因为偶然掉落的物体而受到伤害。

(3)工作手套　提升重的物体或拆卸热的排气管或类似的物体时,建议戴上手套。然而,对于普通的维护工作戴手套并非必须的要求。根据要做的工作的类型来决定,必要时戴工作手套。

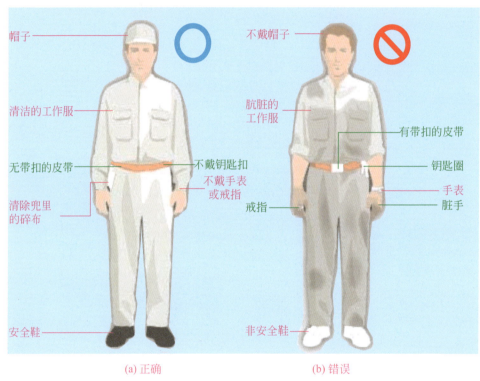

(a)正确　　　　　　　　　(b)错误

图 2-2　维修工着装

2. 喷漆维修工着装和防护

在喷漆作业中,尤其要注意身体防护安全。喷漆作业着装如图 2-3 所示。喷漆技师应该穿上防护工作服(防火及防静电服装)。护目镜必须不与溅出的溶剂起任何反应,并且完全将两侧眼角的区域包裹起来。在喷漆过程中最好的保护便是戴上全面罩式呼吸防护器或带有内置面罩的头盔式呼吸防护器。

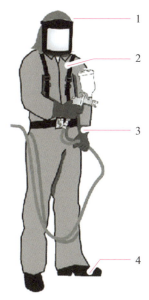

图 2-3　喷漆作业着装

1—供给新鲜空气的防护罩；2—防护服；3—防护手套；4—防护鞋

二、汽车维修工具及设备

汽车维修用工具分为普通常用的基本工具、专用工具和一些相对大型的维修设备。螺丝刀、钳子、棘轮扳手、歪把儿、接杆、梅花扳手、开口扳手、活动扳手等都是一些常用的利用率极高的普通工具；专用的工具和设备有空调压力表、万用表、汽油泵拆卸工具、压力机、安装活塞的等。还有一些比较大型的设备，包括举升机、气泵、四轮定位仪、轮胎拆装机、轮胎动平衡机、自动变速器油加注机等。另外还有专门的维修用的电子设备，例如常用的故障诊断仪、里程表调校仪等。

1. 套头（套筒）

套头（套筒）见图 2-4。套头扳手是拆卸螺栓最方便、灵活且安全的工具，是维修中最常用的工具之一。使用套筒扳手不易损坏螺母的棱角。根据工作空间大小、扭矩要求和螺栓或螺母的尺寸选用合适的套筒。套筒呈短管状，一端内部呈六角形或十二角形，与配套快速扳手或者连接杆、弯把儿配合使用。

套筒类型也很多，如六角长套筒（例如，拆装火花塞就可以用这样的套筒）、六角或十二角花形套筒；风动套筒（气动工具用套筒）、旋具套筒等。

对于头部制成特殊形状的螺栓、螺母，则必须采用专用套筒进行拆卸。

1/2″长套筒参数见表2-2。

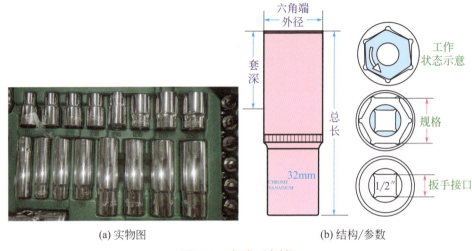

(a) 实物图　　　　　　　　　　　(b) 结构/参数

图 2-4　套头（套筒）

表 2-2　1/2″长套筒参数　　　　　　　　单位：mm

套筒规格	总长	外径	套深	套筒规格	总长	外径	套深
8	78	14.8	25	18	78	25.8	30
9	78	15.5	25	19	78	25.8	34
10	78	15.9	25	20	78	27.8	32
11	78	16.6	26	21	78	27.8	28
12	78	18.0	28	22	78	29.6	30
13	78	19.0	23	23	78	31.6	35
14	78	20.5	23	24	78	31.6	31
15	78	21.8	32	27	78	35.8	32
16	78	21.8	31	30	78	39.8	27
17	78	23.8	32	32	78	41.8	36

2. 棘轮扳手

通常维修工把棘轮扳手称为快把儿或快速扳手。按所拆卸螺栓的扭矩和使用的工作环境不同,可将套筒分为大、中、小三个系列。快速棘轮扳手见图 2-5。

图 2-5　棘轮扳手

棘轮扳手也在更新换代,其中最核心的齿轮(图 2-6),从第一代的 24 齿,到第二代的 48 齿,到现在第三代的 72 齿。72 齿的,转动一下只有 5°回转,适应维修需求,尤其是狭窄的空间。棘轮扳手规格/参数见表 2-3。

表 2-3　棘轮扳手规格/参数

规格	接口规格	对应安装套筒规格	国标力矩/N·m	某品牌力矩/N·m
大号	1/2″	1/2″(12.5mm)	512	750
中号	3/8″	1/2″(10mm)	204	300
小号	1/4″	1/2″(6.3mm)	62	90

3. 旋具套筒头

内六角及内六花键螺栓的使用越来越多。很多零部件都使用这样的螺栓,例如进气歧管。尤其是铝制配件上,很多都使用这样的螺栓,如果要拆卸这种螺栓,则必须使用专用的内六角和内六花扳手。旋具套头见图 2-7。

图 2-6　齿轮

图 2-7　旋具套筒头

旋具套筒头有花形、十字形、一字形、六角形、米字形,维修时,根据不同的螺栓,选择不同的旋具套筒头(图 2-8)。

图 2-8　使用六角套筒头拆装进气歧管螺栓

4. 力矩扳手

现在常用力矩扳手为机械的预置力式力矩扳手和电子力矩扳手（图 2-9、图 2-10），使用力矩更精准。传统的指针力矩扳手现在逐渐退出汽修市场。

图 2-9　预置力式力矩扳手

图 2-10　电子力矩扳手

5. 滑杆

滑杆是套筒专用配套手柄，横杆部可以滑动调节。通过滑动方榫（安装套头位置）部分，使手柄可以有 2 种使用方法。滑杆见图 2-11、滑杆的使用见图 2-12。

图 2-11　滑杆　　　　　　　　图 2-12　滑杆的使用

安装套头位置在一端，形成 L 形结构，从而增加力矩，达到拆卸或紧固螺栓的目的，与 L 形手柄（弯把）类似。

安装套头可以滑到整个滑杆的中部位置,形成T形结构,接上加力杆,两只手同时用力,可以增加拆卸速度,一般拆卸已经松动的螺栓或者螺母、安装小力矩螺栓或螺母。

6. 旋柄工具

旋柄也是套筒配套手柄,它可以与套筒头及旋具头配合,与螺丝刀手柄类似(图2-13)。旋柄的柄部可接棘轮扳手或其他手柄,用以增加拆卸或紧固时的扭矩。通常这种工具是1/4″的规格,专用于接6.3mm系列的套筒(旋具头)。

旋柄可以快速旋动螺栓、螺钉,主要用于将螺栓、螺钉旋到底。常用于拆卸和安装小的螺栓和螺母,例如拆装仪表台、内饰,分解和装配起动机、发动机等。

7. 万向接头

万向接头(图2-14)的方形套头部分可以前后或左右移动,配套手柄和套筒之间的角度可以自由变化,在普通L形手柄不能放置的维修位置,视情况使用万向接头,这样适度改变所需操作角度,达到顺利拆装目的。

图2-13 旋柄工具

图2-14 万向接头

8. 可弯式接杆

可弯式接杆(图2-15)类似于接杆,与接杆使用原理一样,其身部采用特殊材料制成,以弹簧形式连接,不像接杆那样。普通接杆无法完成的拆卸,可使用可弯式接杆操作。可弯式接杆的可弯曲度见表2-4。

表2-4 可弯式接杆的可弯曲度

规格	可弯曲度/(°)
1/4″(6.3mm)	6
3/8″(10mm)	8

9. 梅花扳手

梅花扳手，修理工俗称为眼镜扳手，两端是套筒式圆环状，圆环内有12个棱角，能将螺母或螺栓的六角部分全部围住，工作时不易滑脱，适合于初松螺母或最后锁紧螺母。梅花扳手操作可靠，应尽量使用梅花扳手。常用于拆装部位受到限制的螺母、螺栓处。不同规格的梅花扳手见图2-16。

图2-15　可弯式接杆

图2-16　不同规格的梅花扳手

10. 卡簧钳

卡簧钳可分为内卡簧钳和外卡簧钳，有直口（图2-17）和曲口（图2-18）两种形式。原始状态为张开的，紧握手柄向内夹紧，即为内卡，为内卡簧钳（图2-19）；原始状态为闭合的，紧握手柄向外张开，即为外卡，为外卡簧钳（图2-20）。还有特殊功能的多用卡簧钳，见图2-21。

图2-17　内卡簧钳（直口）

图2-18　内卡簧钳（曲口）

图2-19　内卡簧钳

图2-20　外卡簧钳

第二章 走进车间——了解汽车维修

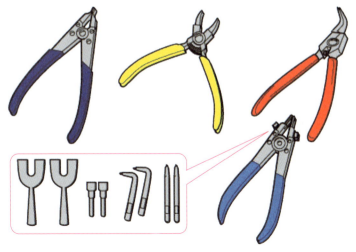

图 2-21 多用卡簧钳

11. 大力钳

大力钳在汽车维修中用处比较广泛,有普通钳子和夹具的功能。大力钳见图 2-22 和图 2-23。

图 2-22 大力钳（一）

曲口　圆口带刃　直口　尖嘴带刃

图 2-23 大力钳（二）

12. 活动扳手

活动扳手（图 2-24）简称活扳手,其开口宽度可在一定范围内调节,是用来紧固和起松不同规格的四角或六角螺栓和螺母的工具。开口有刻度的活动扳手见图 2-25。

图 2-24 活动扳手

图 2-25　开口有刻度的活动扳手

13. 电动旋具

在汽车电工维修中通常使用的电工旋具（图 2-26）是组合螺钉旋具。

使用螺钉—旋具时，需将其头部放至螺钉槽口中，并用力推压螺钉，平稳旋转螺钉—旋具，特别要注意用力均匀，不要在槽口中蹭，以免磨毛槽口。

根据不同螺钉选用不同的螺钉旋具。旋具头部厚度应与螺钉尾部槽形相配合，斜度不宜太大，头部不应该有倒角，否则容易打滑。

14. 拉具

（1）拉具的作用　拉具和拔轮器根据需要的不同，有多种适用工具，可按安装和拆装的零部件进行选择。

（2）使用方法

❶ 拉具（上）与拉具（下）和推盘配合使用，用于拉出轴承内圈（图 2-27）。

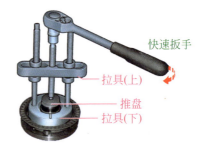

图 2-26　电动旋具　　　　图 2-27　拉具使用（一）

❷ 拉具用于拉出车轮轴承等，如拆卸和安装盘式制动车型车轮轴承/轮毂（图 2-28）。

❸ 用拉具从轮毂轴上拉下轴承内圈，如拆卸和安装盘式制动车型车轮轴承/轮毂（图 2-29）。

第二章 走进车间——了解汽车维修

拉力器

图 2-28 拉具使用（二）

拉具

图 2-29 拉具使用（三）

15. 内拉具

内拉具和固定支撑配合使用，主要用于从变速箱壳体上拉出圆锥滚子轴承外圈（图 2-30）。

固定支撑
内拉具

图 2-30 内拉具使用

冲压座与拔起工具配合使用，用拉具拔出需要拆卸的轮或者轴套（图 2-31）。

拔具
冲压座
拔起工具
（托卡住需要拔出的轮）

拉具(拔轮器)　　　　　拔起(分离)工具

图 2-31 拉具（拔轮器）使用

17

16. 减振器工具

（1）柱式减振器专用工具　减振器专用工具六角/套筒和减振器压紧装置配合使用（图2-32），压缩减振器螺旋弹簧后，进行拆装和安装。

图2-32　减振器工具使用

（2）丝杠减振器弹簧压缩专用工具　利用上下抓钩固定弹簧上下两端，旋转螺纹挤压固定弹簧，加强拆卸时的安全性（图2-33）。

17. 铆钉拆卸钳

铆钉拆卸钳（图2-34），也可以称钉子起拔器。多用于内饰（如车门内饰板）、表面塑料件的卡扣、铆钉等的拆卸和拔取。

图2-33　减振器工具　　　　　　　图2-34　铆钉拆卸钳

18. 气动冲击扳手（风炮）

气动冲击扳手（图2-35），俗称风炮，是一种手持式旋转气动工具，也是以高压气泵为动力源的较大扭矩输出的扳手，多用于完成扭矩较大的螺母和螺栓的预锁紧或拆卸工作，比如拆卸和安装轮胎螺栓。

19. 活塞环安装工具

活塞环安装工具（图 2-36 和图 2-37）主要用于安装和拆卸活塞环。安装活塞环时候，注意活塞环在钳子上的位置。

图 2-35　气动冲击扳手

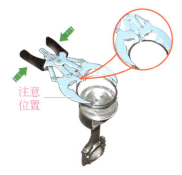

图 2-36　活塞环安装工具（一）

图 2-37　活塞环安装工具（二）

20. 燃油压力表

燃油压力表串联在燃油系统中（图 2-38 和图 2-39），用于检查燃油系统的压力，检查燃油调节器的压力和保持压力。

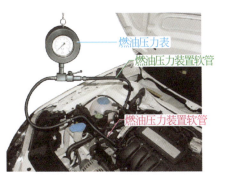

图 2-38　燃油压力表的使用（一）

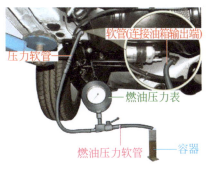

图 2-39　燃油压力表的使用（二）

燃油压力表附件有适用于各种车辆的适配接头，可以满足不同车型需要（图2-40）。

燃油压力表用于检测输油量和检查燃油泵单向阀，这样可以检查燃油泵的工作情况。

扫一扫

视频精讲

图 2-40　燃油压力表的转换接头

图 2-41　气缸压力测试仪

21. 气缸压力表（测试仪）

（1）气缸压力测试仪　将适配接头旋入火花塞的螺纹孔中，并与气缸压力检测装置配合使用检测气缸压力。气缸压力测试仪显示屏显示气缸压力数值（图2-41）。

（2）气缸压力表　将气缸压力锥形接头（图2-42）连接到气缸压力表（图2-43）的接头上，测量时根据不同车型的需要可选择弯形锥形接头和直形锥形接头。

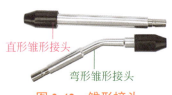

图 2-42　锥形接头

图 2-43　压力表

22. 冰点测试仪

❶ 首先，滴入少许清水，校正折射计，使其归零。冰点测试仪见图2-44。

❷ 擦干清水，滴入少许冷却液，通过后部观察其状态，会显示标度，以此来判断冷却液的冰点情况（判断冬天在零下多少摄氏度天气下冷却液性能正常）。

第二章 走进车间——了解汽车维修

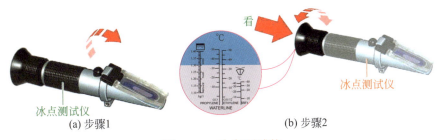

(a) 步骤1　　　　　　　　　　　　(b) 步骤2

图 2-44　冰点测试仪

23. 蓄电池测试仪

蓄电池检测仪可以进行蓄电池测试、启动系统测试、发电充电系统测试。瞬间测量出蓄电池的电压、电量（%）、最大冷启动电流（CCA）、内阻等。蓄电池测试仪见图 2-45 和图 2-46。

 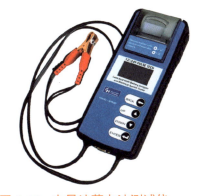

图 2-45　传统的蓄电池测试仪　　　图 2-46　电导法蓄电池测试仪

如果蓄电池使用时间较长，随着极板的老化和硫化物的产生，蓄电池不能进行有效的化学反应，这是蓄电池不能继续使用的主要原因。蓄电池的内阻会增大，极板老化越严重，内阻就越大。通过精确测量内阻数值，就可以判断蓄电池的寿命。

24. 故障诊断仪

汽车维修后市场故障诊断仪（故障检测仪）有很多品牌，可以视个人情况去选择，这些诊断仪都能满足车辆故障码分析、数据流检测、波形分析等一般诊断功能。如果是专修某一款车型，可以使用电脑笔记本加装一套专用维修诊断软件（如上述大众专门诊断软件）；如果是修各种车型，可以选择其他故障诊断仪，某品牌汽车故障诊断仪见图 2-47。

图 2-47　某品牌汽车故障诊断仪

25. 制动分泵回位调节器

安装后制动片通常会用到制动分泵回位调节器。制动分泵回位调节器见图 2-48。制动分泵回位调节器的使用见图 2-49。

图 2-48　制动分泵回位调节器

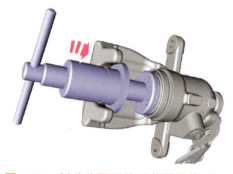

图 2-49　制动分泵回位调节器的使用

26. 空调制冷剂加注机

（1）空调制冷剂加注机结构功能　市场上加注机的种类很多，所有加注机都执行空调系统排放、制冷剂回收、系统排空、定量添加制冷剂油和定量重新加注制冷剂等各种任务。使用时参见加注机使用说明书，掌握初始安装程序和维护程序。制冷剂加注机见图 2-50。

（2）功能键（钮）操作　控制面板的功能：维修技师可用加注机上的控制按钮和指示灯控制和监测操作过程。

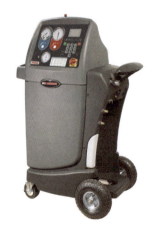

图 2-50　制冷剂加注机

❶ 主电源开关：主电源开关向控制面板供电。
❷ 显示屏：显示屏显示编程设定的抽真空所需时间和重新加注的制冷剂重量。
❸ 低压侧歧管压力表：该表显示系统低压侧压力。
❹ 高压侧歧管压力表：该表显示系统高压侧压力。
❺ 控制面板：它包括控制各种操作功能的控制钮。
❻ 低压侧阀：该阀用于连接空调系统低压侧和加注机。
❼ 湿度指示灯：该指示灯指示制冷剂是否潮湿。
❽ 高压侧阀：该阀用于连接空调系统高压侧和加注机。

27. 游标卡尺（表 2-5）

表 2-5　游标卡尺

工具名称	游标卡尺
普通机械游标卡尺	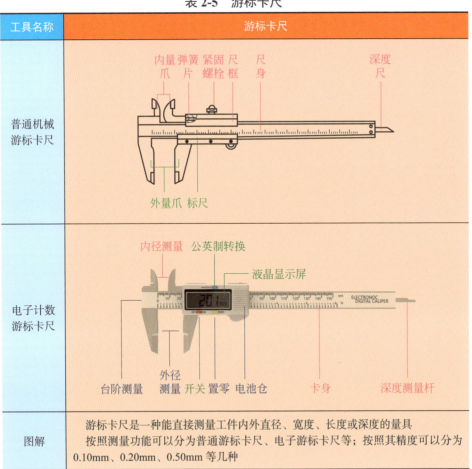
电子计数游标卡尺	
图解	游标卡尺是一种能直接测量工件内外直径、宽度、长度或深度的量具按照测量功能可以分为普通游标卡尺、电子游标卡尺等；按照其精度可以分为 0.10mm、0.20mm、0.50mm 等几种

续表

工具名称	游标卡尺
使用方法	①使用前，必须将工件被测表面和卡脚接触表面擦干净 ②测量工件外径时，将量爪向外移动，使两量爪间距大于工件外径，然后慢慢地移动游标，使两量爪与工件接触。切忌硬卡硬拉，以免影响游标卡尺的精度和读数的准确性 ③测量工件内径时，将量爪向内移动，使两量爪间距小于工件内径，然后缓慢地向外移动游标，使两量爪与工件接触 ④测量时，应使游标卡尺与工件垂直，固定锁紧螺钉。测外径时，记下最小尺寸；测内径时，记下最大尺寸 ⑤用深度游标卡尺测量工件深度时，将固定量爪与工件被测表面平整接触，然后缓慢地移动游标，使量爪与工件接触。移动力不宜过大，以免硬压游标而影响精度和读数的准确性 ⑥用毕，将游标卡尺擦拭干净，并涂一薄层工业凡士林，放入盒内存放，切忌拆卸、重压
读数方法	①读出游标卡尺刻线所指示尺身上左边刻线的毫米数 ②观察游标卡尺上零刻线右边第几条刻线与尺身某一刻线对准，将读数乘以游标上的格数，即为毫米小数值 ③将尺身上的整数值和游标上的小数值相加即得被测工件的尺寸

28. 千分尺（表2-6）

表2-6 千分尺

工具名称	千分尺
图示/示意图	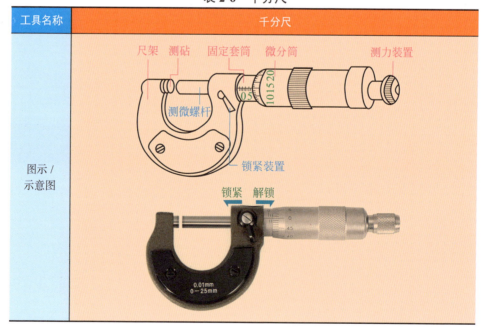

续表

工具名称	千分尺	
电子计数千分尺	固定测砧　锁紧装置　　　　　测力装置　测微螺杆　　　　　　5.678	
图解	千分尺是一种用于测量加工精度要求较高的精密量具，其测量精度可达到0.01mm。 按照测量范围可以分为0～25mm、25～50mm、50～75mm、75～100mm、100～125mm等多种。虽然千分尺的规格不同，但每一种千分尺的测量范围均为25mm	
读数方法	①从固定套筒上露出的刻线读出工件的毫米整数和半毫米整数 ②从微分筒上由固定套筒纵向线对准的刻数读出工件的小数部分（百分之几毫米），不足一格数（千分之几毫米），可用估算读法确定 ③将两次读数相加就是工件的测量尺寸	
读数实例	读数3.766mm　　读数8.350mm　　读数14.181mm	
千分尺的使用	误差检查	①将千分尺砧端表面擦拭干净 ②旋转棘轮盘，使两个砧端先靠拢，直到棘轮发出2～3响"咔咔"声响，这时检视指示值 ③微分筒前端应与固定套筒的"0"线对齐 ④微分筒的"0"线应与固定套筒的基线对齐 ⑤若两者中有一个"0"线不能对齐，则表明该千分尺有误差，应予以检调后才能测量
	使用方法	①将工件被测表面擦拭干净，并置于千分尺两砧之间，使千分尺螺杆轴线与工件中心线垂直或平行，若歪斜着测量，则会直接影响到测量的准确性 ②旋转旋钮，使砧端与工件测量表面接近，这时改用旋转棘轮盘，直到棘轮发出"咔咔"声响为止，此时的指示数值就是所测量到的工件尺寸 ③测量完毕，放倒微分筒后，取下千分尺 ④使用完毕，应将千分尺擦拭干净，保持清洁，并涂抹一薄层工业凡士林，然后放入盒内保存。禁止重压、弯曲千分尺，且两砧端不得接触，以免影响千分尺精度

29. 百分表和千分表及其使用

（1）百分表和千分表（表 2-7）

表 2-7　百分表和千分表

工具名称	百分表和千分表
图示/示意图	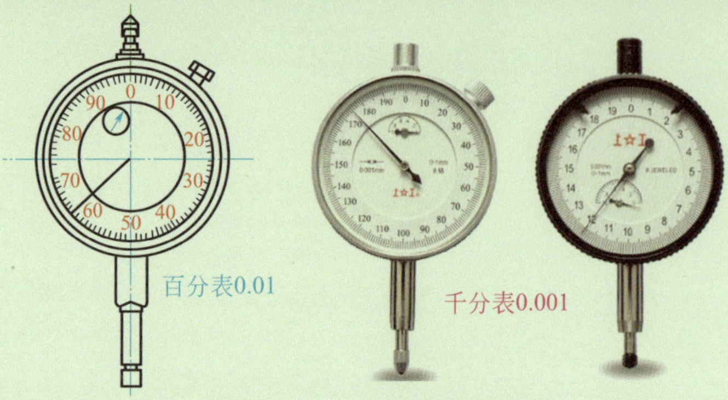 百分表0.01　　千分表0.001
电子表	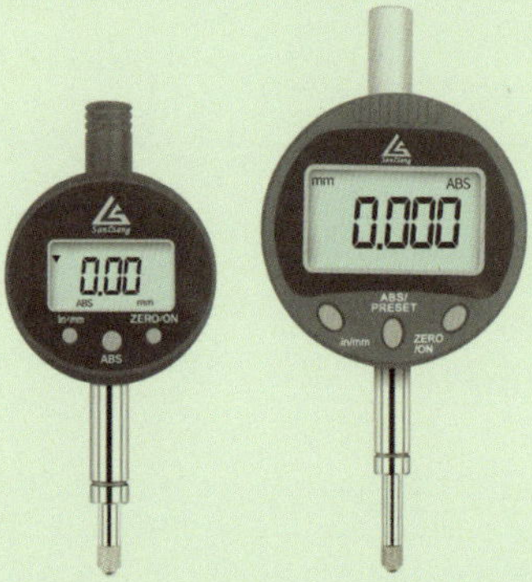
图解	百分表和千分表是一种比较性测量仪器，主要用于测定工件的偏差值、零件平面度、直线度、跳动量、气缸圆度、圆柱度误差以及配合间隙等
读数方法	百分表的表盘刻度分为 100 格，当测头每移动 0.01mm 时，大指针就偏转 1 格（表示 0.01mm），指针的偏转量就是被测零件的实际偏差或间隙值 千分表的表盘刻度为 1000 格，当测头每移动 0.001mm 时，大指针就偏转 1 格（表示 0.001mm）

（2）百分表（千分表）的使用

❶ 将百分表（图 2-51）固定在表面（根据测量物需要，固定在支架上）上，测杆端测头抵住被测工件表面，并使量头产生一定位移（即指针在一个预偏转值）。

❷ 移动被测工件，同时观察百分表表盘上指针的偏转量，该偏转量即为被测物体的偏差尺寸或间隙值。

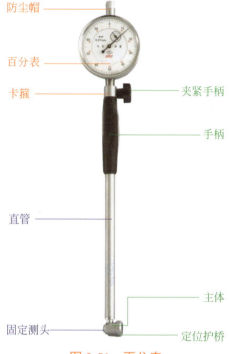

图 2-51　百分表

（3）注意事项

❶ 测杆轴线应与被测工件表面垂直。

❷ 百分表用毕，应解除所有的负荷，用干净布将表面擦拭干净，并在容易生锈的金属表面涂抹一薄层工业凡士林，水平地放置盒内，严禁重压。

第三节　了解汽车维修作业

一、汽车日常保养

1. 什么是日常保养

汽车保养就是为维持汽车完好技术状况或工作能力而进行的作业。

随着车辆行驶里程数的增加，逐渐会使油液消耗、机件磨损、零部件损伤等，造成性能降低。如果置之不理，不仅会影响车辆的顺畅行驶，也可能会引发一些危险。日常保养就是为了排除上述隐患，如果能及时发现并维修，车辆就会保持最佳状态。

2. 日常保养项目（表2-8）

表2-8 日常保养项目

系统或部件	周期性更换/检查	日常检查及排除隐患
发动机	机油及滤清器 空气滤清器 燃油滤清器 火花塞 正时皮带 冷却液（防冻液）	检查蓄电池外表 检查蓄电池接线柱是否腐蚀 检查发电机皮带是否裂痕
变速器	手动变速器油 自动变速器油（ATF）及滤芯	目视变速器表面的清洁情况，是否渗漏
底盘	制动片 制动液 转向助力油	检查轮胎 检查减振器
电气	空调滤芯 雨刷器	检查车灯、信号指示装置 检查可见搭铁线是否牢固和锈蚀
车身	检查灭火器 检查车身外观及车厢内部整洁	检查车身漆面 检查门锁及铰链 检查天窗出水口 检查并调整后视镜角度

二、汽车养护

1. 什么是汽车养护

我们所讲的汽车养护，是相对传统汽车拆卸修理而言的，是对汽车零部件进行性能改善或预防损坏的免拆卸"修理"或清洁方式，主要特点是快捷高效。

扫一扫

视频精讲

2. 养护项目（表 2-9）

表 2-9　养护项目

系统或部件	养护项目	养护情况
发动机	免拆更换机油	定期养护
	节气门体免拆清洁	视汽车行驶情况，也有一定周期性
	三元催化器免拆清洁	视汽车行驶情况，也有一定周期性
	（燃油系统）喷油器免拆清洁	视汽车行驶情况，也有一定周期性
	水箱（散热器）免拆清洁与补漏	视情况
	燃油箱免拆清洁	视情况
	发动机内部免拆清洁	视情况
变速器	免拆更换 ATF	定期养护
底盘	免（降低）人工操作更换制动液	定期养护
电气	空调系统免拆清洁	根据季节，定期养护
车身	车身表面打蜡、抛光、封釉等	视汽车行驶情况和感官要求

三、汽车小修

1. 什么属于小修

在汽车维修中，按汽车修理时的作业对象、作业深度、执行作业的方式或组织形式等划分了不同的修理等级。

汽车小修就是通过修理或更换零部件，消除汽车在运行过程中发生或发现的故障或隐患，恢复汽车能力的作业。比如，更换气门油封；更换机油泵；更换气缸垫；更换前轮轴承；维修发电机等，这些都属于小修。

2. 什么情况下进行小修

比如起动机某个零部件损坏，需要拆卸并分解起动机来进行维修，使起动机恢复正常启动能力。这个起动机的维修，我们看作一次总成小修。小修项目见表 2-10。

扫一扫

视频精讲

表 2-10　小修项目

小修项目	分解进行小修
拆卸电磁起动机开关总成	1—引线；2—起动机外壳；3—电磁起动机开关；4—驱动杆；5—柱塞钩
断开引线	拆下定位螺母并断开引线
拆卸电磁起动机开关总成	拆下2个螺母并将电磁起动机开关拉到后侧
	向上拉电磁起动机开关的顶端，从驱动杆中取出柱塞钩
	拆下电磁开关

四、汽车大修

1. 什么是大修

《汽车维修术语》（GB/T 5624—2019）中这样定义汽车大修：大修就是通过修复或更换汽车零部件（包括基础件），恢复汽车完好技术状况和完全（或接近完全）恢复汽车寿命的修理。

实际汽车维修中，我们把传统的更换发动机"四配套"称为发动机大修，即气缸下套（更换缸套或镗缸）和更换活塞、活塞环、活塞销。

2. 大修项目（表 2-11）

表 2-11　大修项目

系统或部件	大修项目	大修情况
发动机	拆卸和分解发动机	损坏发动机性能，正常维护不能进行改善，比如烧机油、发动机进水等
变速器	拆卸和分解变速器	损坏变速器性能，正常维护不能进行改善，比如变速器内部轴承损坏、变速器内部其他部件损坏、变速器进水等

续表

系统或部件	大修项目	大修情况
底盘	拆卸和分解转向机	比如更换轴承、转向机进水等
电气	线束整理及重新布线	比如自燃导致的线束面目全非

五、事故车维修

1. 什么属于简单的表面事故

对事故汽车的修复，就是所谓的事故车维修。事故有大有小，对于仅损伤车身外表的事故，一般都是比较简单的表面事故（图 2-52）。通常，这种事故率比较高，承接维修率高于较大事故。

图 2-52　表面事故

2. 事故车维修如何分工

较大事故，一般需要钣喷、机电、配件等多工种配合。事故车维修项目见表 2-12。

表 2-12　事故车维修项目

系统或部件	事故维修项目分工	维修情况
发动机	机电工	发动机及其附属件受到事故损坏
变速器	机电工	变速器及其附属件受到事故损坏
底盘	机电工、四轮定位专项检测	底盘机件受到事故损坏
电气	机电工	电气设备及线路受到事故损坏
车身	钣喷工	车身变形受损或者严重破坏等
车身附件	钣金工、机电工	机体和车身连接的附件受到事故损坏

第三章

留在车间
——学习汽车维修

第一节　熟悉汽车维修作业相关注意事项

1. 设备操作

❶ 确保举升机有足够的负重能力。保证举升机在提举和支撑工作时处于水平位置，使用手制动和楔子来固定车轮。

❷ 不要在只靠一个千斤顶支撑的车顶或底部工作，必须把车支撑在举升机上；如在临近燃油箱的地方焊接，要先要排空其中的燃油，在焊接前移出燃油箱再进行焊接。

2. 有关汽油 / 汽油蒸气

❶ 汽油或汽油蒸气极易燃烧，如果存在火源可能导致火灾。为防止火灾或爆炸危险，切勿使用敞口容器排出或存放汽油或柴油。请在附近准备一个干粉灭火器。

❷ 不能在修理地沟上排空车内燃油。排空要在通风的地方进行。

❸ 在维修燃油系统前，请先拆下燃油箱盖并卸去燃油系统压力，以降低人身伤害的风险。卸去燃油系统压力后，在维修燃油管路、喷油泵或接头时，会溢出少量燃油。为降低人身伤害的风险，在断开前用抹布包住燃油系统部件。抹布可以吸附泄漏的燃油。断开连接后，将抹布放入经批准的容器内。

3. 维修防抱死制动系统部件

防抱死制动系统（ABS）中的某些部件不能单独维修。试图拆下或断开某些系统部件，可能导致人身伤害和/或系统运行不正常。只能维修那些被批准拆卸和安装的部件。

4. 蓄电池断开

❶ 在维修任何电气部件前，点火和启动开关必须置于OFF或LOCK位置，并且所有电气负载必须关闭，除非操作程序中另有说明。将蓄电池负极电缆断开，以防止工具或设备接触裸露的电气端子从而产生电火花。违反这些安全须知，可能导致人身伤害和/或损坏车辆或车辆部件。

❷ 为了避免给电子元件带来损害，运行电子系统时要先断开蓄电池连接。首先断开且最后接上接地电线。必须确保蓄电池导线连接正确，不能存在潜在隐患。

5. 制动液刺激性

制动液会刺激眼睛和皮肤。一旦接触，应采取以下措施：
❶ 如不慎入眼——用清水彻底冲洗；
❷ 如接触皮肤——用肥皂和清水清洗。

6. 放油螺塞孔检查变速器油

拆下变速器油加注螺塞时，发动机必须处于运行状态，否则会流失过多油液。变速器油可能很烫。由于不知道实际的油位，因此拆下加注螺塞时要远离。准备好容器，接收流出的油液。拆下加注螺塞后，切勿关闭发动机，否则会被从加注口喷出的热变速器油烫伤。

7. 排气系统维修

为避免被烫伤，在排气系统很烫时不要维修排气系统。请在排气系统冷却后再进行维修。

8. 安全气囊系统安全带预紧器

在拿取未展开的安全气囊系统安全带卷收器预紧器时：
❶ 不要通过安全带或引线连接器来拿取安全带预紧器；
❷ 应通过壳体拿取安全带预紧器，手和手指要远离安全带；
❸ 确保安全带开始拉伸处的开口朝下，且安全带自然悬挂，否则可能导致人身伤害。

9. 球头螺栓拆卸

请勿用鹤嘴叉或楔形工具松开球头螺栓，否则可能导致密封件或衬套损坏。

10. 皮带保护

不要对传动皮带使用皮带油。皮带油会导致传动皮带材料断裂。违反本告诫会损坏传动皮带。

11. 制动液对油漆和电气部件影响

避免制动液溅到油漆表面、电气连接器、线束或电缆上。制动液会损坏油漆表面并导致电气部件腐蚀。如果制动液接触到油漆表面，应立即用水冲洗接触部位。如果制动液接触到电气连接器、线束或电缆，应用干净的抹布将制动液擦去。

12. 部件紧固

更换部件的零件号必须正确。需要使用螺纹密封胶、润滑剂、阻蚀剂或密封胶的部件应在维修程序中指出。有些更换部件可能已经带有这些涂层。除非特别说明，否则不得在部件上使用这些涂层。这些涂层会影响最终扭矩，从而可能影响到部件的工作。安装部件时，应使用正确的扭矩规格，以免造成损坏。

13. 驱动桥

将下控制臂支撑在正常水平位置，以避免损坏驱动桥。在车轮下悬的整个行程中，不要挂挡运行车辆。

14. 紧固件

请在正确的位置使用正确的紧固件。更换紧固件的零件号必须正确。

需要更换的紧固件或需要使用螺纹锁止剂或密封胶的紧固件在维修程序中指出。不得在紧固件或紧固件连接表面使用油漆、润滑剂或阻蚀剂，除非另有说明。这些涂剂可影响紧固件的扭矩和夹紧力，并可能损坏紧固件。安装紧固件时，使用正确的紧固顺序和紧固规格，以避免损坏零件和系统。

15. 加热型氧传感器

切勿拆下加热型氧传感器或氧传感器的引线。拆下引线或连接器将会影响传感器的工作。

不要跌落加热型氧传感器。应保持直列式电气连接器和格栅式散热端无润滑脂或其他污染物。不要使用任何类型的清洗剂。不要修理线束、连接器或端子。如果引线、连接器或端子损坏，则更换氧传感器。

维修加热型氧传感器时，必须遵循以下原则。

❶ 切勿在传感器或车辆线束连接器上涂抹触点清洁剂或其他材料。这些材料会进入传感器，导致性能不良。

❷ 不要损坏传感器的引线和线束，导致其内部导线外露。这样提供了异物进入传感器的通道并导致性能故障。

❸ 确保传感器或车辆引线没有较大的折弯或扭结。较大的折弯或扭结会堵塞通过引线的基准空气通道。

❹ 确保车辆线束连接器外围密封完好无损，以避免因进水而造成损坏。

16. 三元催化转换器

为防止损坏更换后的三元催化转换器，更换三元催化转换器前应先排除发动机缺火或机械故障。

17. 转向机构

❶ 车轮保持在正前位置，利用转向柱防转销、转向柱锁止系统或箍带固定方向盘，避免旋转。转向柱的锁止可防止安全气囊系统的损坏和可能出现的故障。

❷ 在将内转向横拉杆从转向机上移走之前，不要改变转向机的预紧力。在将内转向横拉杆移动之前就改变转向机的预紧力，会导致锥齿轮和转向机损坏。

❸ 方向盘处于极限转向位置的持续时间不要超过 5s，否则可能损坏转向泵。

❹ 添加或彻底更换油液时，务必使用正确的动力转向液。使用不正确

的油液，将导致软管和密封件损坏以及油液泄漏。

18. 正时传动链条反作用扭矩

为避免部件损坏，在松开或紧固时，必须用扳手扳住凸轮轴的六角部位。如果不能避免正时链条反作用扭矩，会导致正时传动链条故障。

第二节 熟练使用汽车维修工具和设备

一、便携式维修工具的使用

1. 剥线钳

（1）剥线钳作用　剥线钳（图3-1）是用来剥除小线径电线、电缆端头橡胶或塑料绝缘层的专用工具，由钳头和手柄两部分组成，手柄是绝缘的。钳口部分由压线口和切口组成，一般可分直径0.5～4.5mm的多个切口，以适应于不同规格的芯线。

（2）剥线钳的使用　剥线时，电线必须放在稍大于线芯直径的切口中，然后用手握钳柄，导线的绝缘层被切破自动弹出，当需要剥稍长一段的绝缘层时，应分段进行。

2. 斜口钳

斜口钳（图3-2）也叫偏口钳，主要用来剪断导线或剖切软导线绝缘层。

图3-1　剥线钳　　　　　　　图3-2　斜口钳

3. 尖嘴钳

尖嘴钳（图3-3）是一种常用的钳形工具，主要用来剪切线径较细的单股与多股导线，以及给单股导线接头弯圈、剥塑料绝缘层等，能在较狭小的工作空间操作。

4. 测试灯

（1）测试灯结构　测试灯（图3-4）的结构很简单，但使用率非常高，能方便、快捷、准确地帮助测试出故障，自己完全可以制作测试灯。串联在测试灯的内部有发光原件的二极管或小灯泡，还有导线和一个用于固定的夹子。测试时，一端连接在正极，另一端连接在负极，形成一个完整的闭合回路。维修测试中，观察小灯泡或者二极管的工作状态，也就是其亮度或者闪烁，作为我们的参考测试依据。

图3-3　尖嘴钳

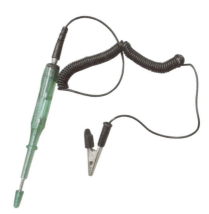

图3-4　测试灯

（2）测试灯的使用　测量辅助工具和二极管检测指示灯连接在一起使用（图3-5），组成完整测试灯，用于检测电压，例如测试燃油泵有无供电电压。

5. 钳形表

钳形表（图3-6）也叫直流钳形万用表，主要用于检测电气设备或线缆工作时的电压与电流。在使用钳形表检测电流时不用断开电路，便可通过钳形表对导线的电磁感应进行电流的测量，使用比较方便。

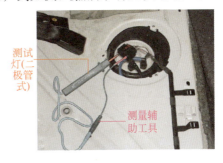

图3-5　测试灯的使用

图 3-6　钳形表

测量电流时根据维修测试所需,来调整设置测量数据的挡位量程。然后按压钳头扳机使钳口张开,使待测导线置于钳口中,松开钳口扳机使钳口紧闭,显示屏会显示测量数据。按下"HOLD"键(保持按钮),可将测量结果保存到钳形表内部,以方便测量操作完毕后读取测量值。

6. 数字式万用表

常见的万用表有指针式和数字式两种,主要用于进行电流、电压、电阻以及导线的通断性、电子元件的检测等。通常在汽车维修中使用最广泛的是数字式万用表。指针式万用表一般不能用于汽车电子元件的测试,否则会因检测电流过大而烧坏电控元件或 ECU。数字式万用表见图 3-7。

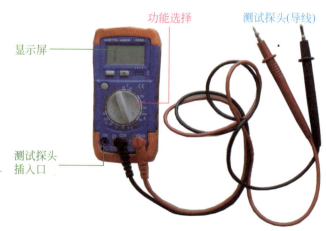

图 3-7　数字式万用表

数字式万用表工作可靠,它最大的优点就是可以直接显示测量数据,而指针式万用表的读数则不能直接显示,需要根据量程及指针摆度进行计算。数字式万用表电源开关,一般会在面板左上部显示屏下方"POWER"

（电源）的旁边，"OFF"表示关，"ON"表示开。选择测量量程，可通过功能选择开关完成（图3-8）。

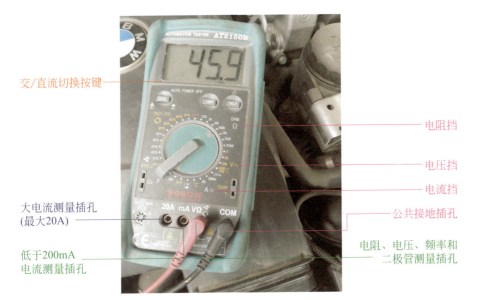

图3-8 数字式万用表量程

二、日常维修工具的使用

1. 棘轮扳手

由于棘轮的结构，它不可能获得很高的扭矩。大力矩螺栓或者螺母要用力矩扳手最后锁紧。

应根据工作需求选择相应的工具。套筒（与棘轮扳手一同使用）的用处在于它能旋转螺栓/螺母而不需要一把一把地倒着重新调整，这就可以根据所装的手柄以各种方式工作。

如图3-9所示，根据需要与长接杆、短接杆或万向接头配合使用，将套筒套在棘轮扳手接口上，再将套筒套住螺栓或螺母，左手握住手柄与套筒连接处，保持套筒与所拆卸或紧固的螺栓同轴，右手握住配套手柄加力。

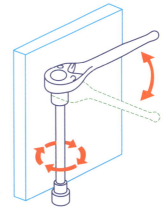

图3-9 套头和棘轮扳手使用

2. 预置力扭力扳手

扭力扳手主要用于有规定扭矩值的螺栓和螺母的装配，如气缸盖、连杆、曲轴主轴承等处的螺栓。使用扭力扳手时，左手握住扳手与套筒连接处，起到托稳作用，右手向身体方向均匀使拉力，用力应得当、稳衡。

预置力扭力扳手，可通过旋转手柄预先调整设定扭矩，工作时若达到设定扭矩，即可听到"咔哒"声响，说明螺栓或螺母锁紧力矩到位，停止加力。下拉解锁"锁定环"，顺时针旋转增加力矩值；逆时针旋转减小力矩值。松开"锁定环"锁定力矩值（图3-10）。

如图3-11所示，扳手力矩为10～110N·m，扭力扳手调节：顺时针旋转增加力矩值，逆时针旋转减小力矩值。

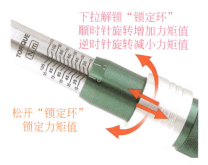

图3-10　预置力扭力扳手的使用

图3-11　预置力扭力扳手读数

3. 电子力矩扳手

如图3-12所示的电子力矩扳手是顺/逆双向棘轮，操作便捷，使用更高效。操作者可通过简单的按键操作轻松将扭力扳手的单位、模式和扭力键盘功能进行调整切换（图3-13），且带有比较大的LCD显示屏，精确到0.1mm，反应灵敏，显示清晰（图3-14）。当扳手的力矩值到达时，在扳手侧面可观看到LED警示信号灯。

图3-12　顺/逆双向棘轮

图 3-13　电子力矩扳手

4. 梅花扳手

如图 3-15 所示，使用推力拆卸时，应该用手掌来推动梅花扳手；锁紧时，用拉力，整个手掌握住梅花扳手一端，均匀使力。笔者建议，拆卸已经初松的螺母用可梅花扳手，拆卸和安装螺栓一般可使用套头工具。

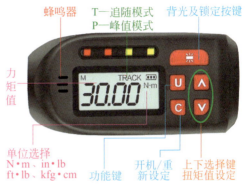

图 3-14　电子力矩扳手显示屏

5. 卡簧钳

卡簧钳是拆卸和安装带有弹性卡圈的零部件。维修变速器时经常会用到卡簧钳（图 3-16）。前后轮轴承一般在轴承的外侧也有卡簧挡圈，也是使用卡簧钳的零部件之一。

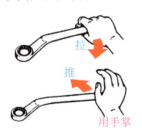

图 3-15　梅花扳手使用

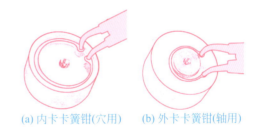

(a) 内卡卡簧钳(穴用)　(b) 外卡卡簧钳(轴用)

图 3-16　卡簧钳的使用

6. 机油滤清器扳手

机油滤清器扳手有多种（图 3-17 和图 3-18），如链条式扳手、齿形扳手、圆三爪式扳手、套筒扳手等，根据作业空间可选择不同的机油滤清器扳手来操作。

（1）三爪式滤清器扳手　三爪式滤清器扳手需配套套筒手柄或是扳手使用，其内部设计有行星齿轮传递机构，可以根据机油滤清器的大小自动调节三爪的大小。

（2）套筒机油滤清器扳手　套筒机油滤清器扳手在汽修中使用率比较

高，这种工具一般是大小不同的组套形式配装的工装，拆卸不同车型的滤清器需要不同尺寸的扳手。使用时，根据机油滤清器尾部的多边形的变数及大小，来确定合适的扳手（图3-19）。

手钳式扳手　齿形防滑钢丝带扳手　齿形带扳手　标准皮带扳手　链条扳手　拷式扳手

圆三爪扳手　　　　三爪扳手搭配长弯杆　　　　扁三爪扳手

图3-17　机油滤清器扳手类型

图3-18　不同规格的套筒式机油滤清器扳手

先数一下滤清器下面多边形是多少边，如果是奇数就量角到边的距离；如果是偶数，就量边到对边的距离，这个边的距离可以用卡尺测量，然后选择合适型号的扳手。

（3）其他扳手　齿形皮带机油滤清器扳手的使用，见图3-20；普通皮带机油滤清器扳手的使用，见图3-21；链条式机油滤清器扳手的使用，见图3-22；铐式机油滤清器扳手的使用，见图3-23。

图 3-19　根据机油滤清器选择合适扳手

图 3-20　齿形皮带机油滤清器扳手的使用

图 3-21　普通皮带机油滤清器扳手的使用

图 3-22　链条式机油滤清器扳手的使用

图 3-23　铐式机油滤清器扳手的使用

三、大修工具和设备的使用

1. 双柱举升机

（1）普通双柱举升机

❶ 结构。双柱举升机在将汽车举升到空中的同时可以节约大量的地面空间，方便地作业。双柱举升机对安装地基的要求是很高的。普通双柱举升机见图 3-24。

为确保双柱举升机的安全性，一般来说有如下配置：标配双边手动解锁结构；标配防压脚装置及车门防撞保护垫；标配高强度三节对称式支臂；标配进口关键液压零部件；标配高强度双层旋转托盘；标配高性能钢丝绳、链条，链条防脱落结构；整机采用上限位设计，采用双保险自锁保护装置；固定式底护板；标配电控盒。

❷ 举升原理。双柱举升机的举升机构的传动系统是由液压系统来驱动和控制的，由两边两个立柱里安装的液压缸来推动连接柱与滑台的链条，使滑台上安装的大轮沿立柱移动，实现滑台的上下移动。用钢丝绳作为同步装置来保持整个举升机的同步性，托臂与立柱内的滑台相连，当滑台上下移动时带动托一起移动。

（2）龙门双柱举升机（图3-25） 龙门双柱举升机与普通双柱举升机的功能和结构原理相同，所不同的是龙门双柱举升机的举升高度要高于普通双柱举升机，更能满足作业高度；龙门双柱举升机顶部装有横梁，安全系数更高。

图3-24 普通双柱举升机

图3-25 龙门双柱举升机

（3）双柱举升机的使用 双柱举升机支撑车辆位置见图3-26。

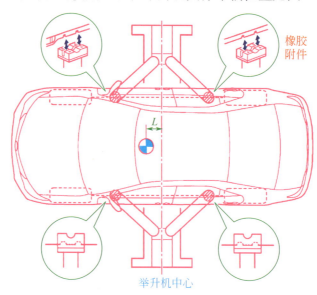

图3-26 双柱举升机支撑车辆位置

❶ 前端举升机垫块及支撑位置。前端举升机垫块不能碰到门槛板至车架纵梁外侧或地板。将前端举升机垫块放置在以下位置：在前车架纵梁和侧车架纵梁之间连接处的下面（图3-27）。

❷ 后端举升机垫块及支撑位置。后端举升机垫块不能碰到门槛板至车架纵梁外侧或地板。将后端举升机垫块放置在以下位置：在后车架纵梁和侧车架纵梁之间连接处的下面（图3-28）。

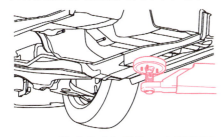

图3-27　前端举升机垫块及支撑位置

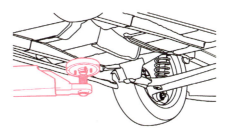

图3-28　后端举升机垫块及支撑位置

2. 平板举升机

平板举升机（图3-29）主要用于汽车维修保养，安全性高，操作方便。这种举升机多用于配合四轮定位仪使用，也可以用作汽车维修和轮胎、底盘检修（图3-30）。可以挖槽，也可以直接安装在地面上。支撑车辆时，需要支撑垫块。

图3-29　平板举升机

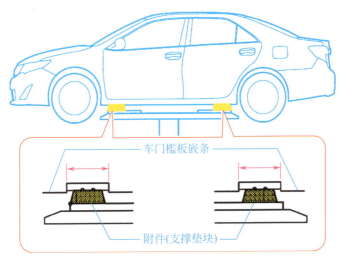

图3-30　平板举升机举升操作

3. 四柱举升机

四柱举升机（图 3-31）有配二次举升和没有二次举升之分，配二次举升的多用于配合四轮定位使用，与上述平板举升机功能相同。按汽车被举升的部位不同分为下述三种。

（1）车桥举升机　车桥举升机是通过举升汽车的前后桥或横梁把整车举起的举升机。这类举升机的主要特点是装有支撑前后桥或者横梁的专用支座或者托架。这类举升机的举升重量一般较大，多用于大型汽车的举升作业。

（2）车架举升机　车架举升机是通过举升汽车的车架或者纵梁把整部汽车举升的，举升后，汽车的轮胎、前后桥、传动系统、排气系统和悬挂装置全部悬空，因此可以方便地在车下进行多项保修作业，应用比较广泛。

（3）车轮举升式　车轮举升机是通过举升车轮把汽车举升到一定高度的，它的特点是具有支撑车轮的轨道或者托架，主要用于各种客车和大中型货车的维修作业。

4. 扒胎机

扒胎机（图 3-32）也就是轮胎拆装机，使得汽车在维修过程中能更方便顺利地拆卸轮胎，拆胎机种类众多，最常用的是气动式拆胎机。

图 3-31　四柱举升机

图 3-32　扒胎机

5. 轮胎动平衡机

（1）轮胎动平衡机的作用　车轮由轮胎和轮毂构成，由于制造上的原因，使这个整体各部分的质量分布不可能非常均匀。当汽车车轮高速旋转起来后，就会形成动不平衡状态，造成车辆在行驶中车轮抖动、方向盘震动的现象。汽车轮胎动平衡机就是用来消除上述震动现象的设备。轮胎动平衡机及其套组见图 3-33 和图 3-34。

图 3-33　轮胎动平衡机

图 3-34　轮胎动平衡机套组

轮胎动平衡机校正的过程就是我们常说的动平衡。也就是加装平衡块（铅块），有 5g、10g、15g、20g 等。

（2）轮胎动平衡机的使用

❶ 轮胎安装到平衡机主轴上，打开平衡机的电源。

❷ 拉出尺子测量轮辋距离平衡机之间的距离，用轮胎卡尺测量轮胎的轮毂宽度。

❸ 准备好后按下开始按键，接着轮胎动平衡机开始带动轮胎旋转，这时候开始测量。

❹ 轮胎动平衡机测出数据后自动停止运行。

❺ 将轮胎旋转一直到轮胎动平衡机一侧的位置灯全亮。

❻ 重复操作步骤 ❸ 直到轮胎动平衡机显示是 0。

6. 四轮定位仪

四轮定位仪有前束尺和光学水准定位仪、拉线定位仪、CCD（光学传感器）定位仪、激光定位仪、3D 影像定位仪等多种。四轮定位仪进行车辆检测（局部）见图 3-35。

四轮定位仪用于检测车辆的轮偏、轴偏、倾角、前束等定位参数，并与原厂设计参数进行对比，指导使用者对车轮定位参数进行相应调

图 3-35　四轮定位仪进行车辆检测（局部）

整，使其符合原设计要求，以达到理想的汽车行驶性能，即操纵轻便、行驶稳定可靠、减少轮胎偏磨损。四轮定位仪特别有助于事故车辆的底盘检测。

四、特殊维修工具及装备的使用

1. 氧传感器专用工具

氧传感器工具有设计为外加力内六角的，也有花形和方口驱动的，在不方便使用接口时还可以用扳手钳子等工具进行作业，见图3-36和图3-37。

图3-36　氧传感器工具（一）

2. 喷油管专用工具

喷油管专用工具是一边开槽的套筒工具（图3-38），适用于密闭空间中螺钉与螺栓的拆卸，如共轨油管、喷射器等。

图3-37　氧传感器工具（二）

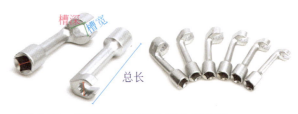

图3-38　不同型号的喷油管专用工具

3. 冷却系统检查仪

冷却系统检查仪和冷却系统检查仪适配接头安装在储液罐盖上，用于检查储液罐盖中的安全阀及检查冷却系统的密封性。冷却系统检查仪及其使用见图3-39和图3-40。

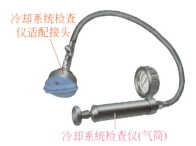
图 3-39 冷却系统检查仪

图 3-40 冷却系统检查仪的使用

4. 压缩机维修工具

压缩机拆装工具属专用工具,用于固空调定压缩机离合器盘,见图 3-41 和图 3-42。

图 3-41 压缩机工具(一)

图 3-42 压缩机工具(二)

第三节　熟悉日常高概率维修的汽车零部件

一、发动机零部件

扫一扫

视频精讲

1. 节气门

(1)电子节气门(图 3-43)电控节气阀体总成的节气门开度大小由 ECM 根据驾驶人员控制的节气门踏板控制输入信号,以及其他各种传感的输入信号,计算出车辆在该时刻和该状态下所需要的发动机输出功率,并据此控制发动机的燃料供给(喷射)

图 3-43 电子节气门

量，根据反馈信号修正控制参数，保证发动机工作在最佳控制状态。

（2）拆装节气门　见表3-1。

表3-1　拆卸节气门

操作内容				图解
拆卸操作		安装操作		
第一步	拆下空气滤清器总成	第一步	在清洗、检查完后，安装节气门体	拆下进气软管(箭头处) 节气门的4条固定螺栓(箭头处)
第二步	拆下油门拉线（机械拉线节气门）。首先将节气门操纵机构拧到最大位置，用左手扳住，右手捏住油门拉线，将其从操纵机构的豁口处取下。然后从油门拉线支架上取下拉线，取下限位卡子和垫片，放在安全位置保管好。最后将固定在节气门体上的油门拉线支架拆卸掉	第二步	安装节气门位置传感器插头	
第三步	用合适的扳手拧松节气门体上的3个紧固螺栓，拆下节气门体	第三步	安装节气门体上的油门拉线支架并紧固（机械拉线节气门）	
第四步	取下节气门体上与空气滤清器接合部位的密封胶圈，以防止清洗剂腐蚀胶圈，使胶圈发胀、断裂。取下密封胶圈后，检查是否有老化、裂纹迹象	第四步	安装油门拉线，安装过程与拆卸过程相反，安装完后应检查调整油门拉线的松紧度（机械拉线节气门）	①清洗时，重点清洗节气门体腔、节气门及节气门轴等部位，直至没有污物为止。清洗后反复扳动节气门操纵机构，检查节气门开关是否自如。另外，还要清洗进气道与节气门体的接合面，清洗前先拆下密封胶圈，以防被腐蚀 ②清洗节气门时，集成电路罩盖必须朝上，以免损坏其中的元件
第五步	清洗节气门体	第五步	安装空气滤清器总成	
		第六步	整个安装过程结束后，用检查仪检查发动机系统；自适应匹配节气门	

(3)拆卸清洗节气门（图3-44） 例如，某轿车怠速不稳，转速表指针摆动。

❶ 发动机怠速运转时转速在650～850r/min之间，波动幅度较大时，转速表指针同时摆动。

❷ 执行故障诊断仪检测，空气流量信号波动频繁，同时节气门变化很大。

❸ 该故障为节气门过脏所导致。

❹ 清洗节气门，发动机怠速稳定。再次执行故障诊断仪检测，数据流正常。

图3-44 拆卸清洗节气门
1—螺栓；2—节气门；3—密封圈

(4)节气门怠速学习（自适应） 如果进行了节气门总成的更换、节气门体的清洗以及更换发动机控制模块以后，必须执行怠速学习程序。

❶ 将点火开关旋转至ON。

❷ 断开点火开关15s。

❸ 接通点火开关5s。

❹ 断开点火开关15s。

❺ 在驻车/空挡位置启动发动机。

❻ 如果车辆装备的是自动变速驱动桥，则踩住驻车制动踏板，将变速驱动桥挂在驱动挡（D）1s，然后挂回驻车挡（P）。

❼ 使发动机运行，直到发动机冷却液温度超过85℃。

❽ 接通空调10s。

❾ 如果车辆装备的是自动变速驱动桥，则踩住驻车制动踏板，将变速驱动桥挂在驱动挡（D）10s。

❿ 关闭空调10s。

⓫ 如果车辆装备的是自动变速驱动桥，则踩住驻车制动踏板，将变速驱动桥挂在驻车挡（P）或者空挡（N）。

⓬ 断开点火开关，怠速学习程序结束。

⓭ 再次启动发动机之前，等待15s。

2. 起动机

(1)启动电路 当点火开关置于"Start（启动）"位置时，离散信号被提供至车身控制模块（BCM），通知其点火开关已置于"Start（启动）"位置。然后，车身控制模块发送信息至发动机控制模块（ECM）通知已请求

图 3-45　起动机接线

启动。发动机控制模块确认变速器置于驻车挡或空挡。这样的话，则发动机控制模块向启动继电器的控制电路提供 12V 的电压。这时，蓄电池正极电压通过启动继电器的开关侧提供至起动机电磁线圈的 S 端子（图 3-45）。

（2）起动机分解　起动机外观见图 3-46，起动机分解装配见图 3-47。

❶ 断开蓄电池的接地端。
❷ 拧下螺母并从起动机电磁线圈上断开导线的连接。
❸ 拧下 2 个固定启动电机的螺栓并拆下启动电机。

图 3-46　起动机

（3）起动机保养　起动机电机是不可维修的。视情况对起动机进行保养和更换零部件，见图 3-48。

❶ 检查转子是否磨镗，如果磨损严重，则更换轴承。
❷ 用砂纸打磨换线器，检查轴承铜套磨损情况，对轴承和铜套进行润滑。
❸ 检查电机炭刷磨损情况，保证电刷和集电极之间接触良好。炭刷可单独更换。
❹ 清洁并润滑齿轮机构（图 3-49）。

图 3-47　起动机分解装配

图 3-48　起动机可保养零部件

图 3-49　齿轮机构

扫一扫

视频精讲

3. 发电机皮带

❶ 如图 3-50 所示，使用尺寸合适的套筒 1 和活动扳杆 2，逆时针转动传动皮带张紧器 3 并保持张力。

❷ 如图 3-51 所示拆下发电机皮带 1。

❸ 缓缓地释放发电机皮带张紧器上的张力。

图 3-50　拆装发电机皮带（一）

图 3-51　拆装发电机皮带（二）

4. 膨胀阀

膨胀阀位于仪表板前部，与蒸发器进口管和出口管相连接。膨胀阀是空调系统高压侧和低压侧的分界点。当制冷剂通过膨胀阀时，制冷剂压力降低。膨胀阀还测量可能流入蒸发器的液态制冷剂的量。

更换膨胀阀的步骤：

❶ 回收制冷剂；

❷ 拆卸附件；

❸ 拆卸空调蒸发器膨胀阀螺栓，见图 3-52；

❹ 取下空调蒸发器膨胀阀密封件，拆下并报废 O 形密封圈；

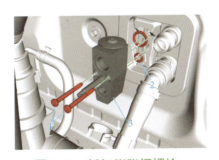

图 3-52　拆卸膨胀阀螺栓

1—空调蒸发器膨胀阀螺栓；2—空调蒸发器膨胀阀密封件；3—空调蒸发器膨胀阀

❺更换空调蒸发器膨胀阀。

二、底盘零部件

1. 离合器

离合器摩擦片使用一定时间需要更换。分离轴承发生故障时会发生异响。

离合器能够切断或接通发动机与变速器之间的动力传递；切断和结合应该平缓进行，防止发动机转速剧烈变化；能够打滑，防止发动机和传动系统过载。

离合器的主要由飞轮、离合器片（也称离合器从动盘）、离合器压盘、分离叉、分离轴承以及外部的液压或机械操纵机构组成（图3-53）。液压离合器操纵机构可自动调节。

图3-53 离合器主要组成结构

离合器分离时，脚踏力通过离合器踏板和连杆传递到主缸活塞上，在主缸压力室内产生的压力作用在整个液压系统内。离合器接合时，脚踏力消失，即驾驶员松开踏板时，液压系统内的压力就会降低，盘形弹簧的弹簧力将分离轴承压回并使压盘重新压到离合器从动盘上，因此离合器重新接合。

2. 制动片

（1）拆卸制动片

❶拆下车轮；拆下防尘盖。

❷从支架上取下制动摩擦片报警插头并断开。

❸旋出制动钳固定螺栓。

❹拆下制动钳壳体后，用金属线将其固定在车身上，以免制动钳重力压迫或损坏制动管。

❺从制动钳壳体上拆下制动摩擦片。

（2）安装制动片要点　用活塞调整工具压回活塞（图3-54）；将制动摩擦片插到制动钳和活塞间。

❶首先将带制动摩擦片的制动钳壳体下部安装到车轮轴承座上。

❷用力推制动钳壳体，直至止入位。

第三章　留在车间——学习汽车维修

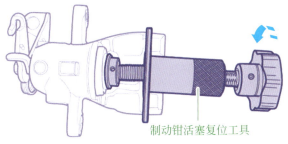

图 3-54　压回活塞

扫一扫

视频精讲

3. 减振器

从车上拆下减振器。

❶ 举升并支撑车辆，拆下前轮胎和车轮总成。

❷ 电气连接器。拆下前轮转速传感器线束 1（图 3-55）。

❸ 拆下稳定杆连杆 1 与减振器的链接螺母（图 3-56）。

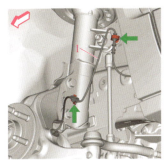

图 3-55　拆卸减振器（一）

图 3-56　拆卸减振器（二）

❹ 拆下转向节螺母 1 和转向节 1 螺栓（图 3-57）。

❺ 拆卸前悬架滑柱螺栓 1，将前悬架滑柱总成从车辆上拆下（图 3-58）。

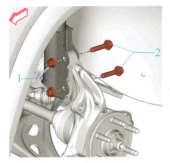

图 3-57　拆卸减振器（三）

图 3-58　拆卸减振器（四）

55

4. 前轮轴承

拆卸半轴与轮毂紧固连接的螺栓，从车上拆下前轮轴承和轮毂，前轮轴承和轮毂为集成一体（图3-59）。

安装时，均匀涂抹润滑脂到轴承导向孔，确保仅完全覆盖转向节轴承导向孔。

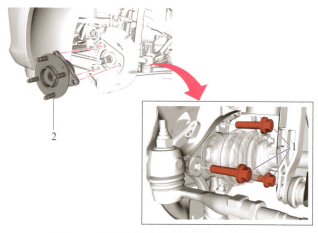

图 3-59　拆卸前轮轴承和轮毂（成套）
1—螺钉；2—前轮轴承和轮毂

5. 下控制臂（下摆臂）

（1）拆卸程序

❶ 举升并支撑车辆。

❷ 拆下前轮胎和车轮总成。

❸ 拆卸转向节与下控制臂球头紧固的螺母1（图3-60）。

> **维修提示**
>
> 如果球节双头螺栓移位并转动，在球节双头螺栓的顶部使用支承扳手，以防止转动。

❹ 旋转前制动盘以便获得专用工具所需的间隙。使用专用工具球节分离器1将前下控制臂从转向节上分离（图3-61）。

❺ 拆卸控制臂前的螺栓1及螺母（图3-62和图3-63）。

❻ 取下下控制臂1（图3-64）。

图 3-60　拆下转向节螺母

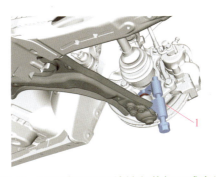
图 3-61　使用专用工具使转向节与下球头分离

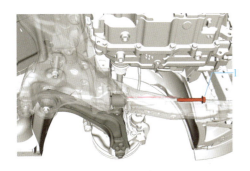
图 3-62　拆卸螺栓（一）

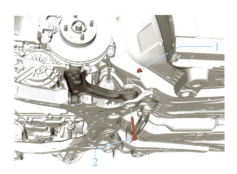
图 3-63　拆卸螺栓（二）

（2）安装注意事项　检查前轮驱动轴的位置，如果前轮驱动轴脱落，则将其重新定位。

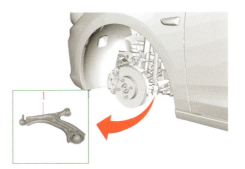
图 3-64　取下下控制臂

维修提示

在球节双头螺栓的顶部使用支承扳手，以防止紧固时球节双头螺栓转动。

三、变速器零部件

1. 手动变速器倒车灯开关

拆下手动变速器倒车灯开关 1，见图 3-65。

❶ 断开电气连接器，将固定件 2 从支架上拆下。

❷ 松开支架螺栓，将倒车灯开关线束从支架上拆下。

❸ 拧紧支架螺栓，从变速器支座与变速器壳体之间的空隙将接头与固定件一起穿过。

2. 半轴油封（驱动轴油封）

❶ 使用专用拆卸工具和滑锤拆下半轴油封1（图3-66）。
❷ 使用油密封件安装工具安装新的油封。

图3-65 拆下手动变速器倒车灯开关

图3-66 半轴油封

第四节 熟悉高概率的日常维护和检修作业

一、常规保养

表3-2为大众某车辆保养项目表，可参考执行。

表3-2 大众某车辆保养项目表

序号	保养和检查项目/内容	保养里程（每间隔里程数）				
		7500km 首次保养	15000km 常规保养	每15000km 常规保养	每30000km 保养	每60000km 保养
1	车身内外照明电气，用电设备检查功能 （1）组合仪表指示灯，阅读灯，化妆镜灯，时钟，点烟器，喇叭，电动摇窗机，电动外后视镜，暖风空调系统，收音机 （2）近光灯，远光灯，前雾灯，转向灯，警示灯 （3）驻车灯，后雾灯，制动灯，倒车灯，车牌灯，后备厢照明灯		•	•	•	•

续表

序号	保养和检查项目/内容	保养里程（每间隔里程数）				
		7500km 首次保养	15000km 常规保养	每15000km 常规保养	每30000km 保养	每60000km 保养
2	自诊断：用故障诊断仪读取各系统控制器内的故障存储信息	●	●	●	●	●
3	安全气囊和安全带：目测外表是否受损，并检查安全带的功能	●	●	●	●	●
4	手制动器：检查，必要时调整	●	●	●	●	●
5	前风窗玻璃落水槽排水孔：清洁				●	●
6	雨刮器/清洗装置：检查雨刮片，必要时更换；检查清洗装置功能，必要时调整并加注清洗液	●	●	●	●	●
7	发动机舱：检查燃油管路、真空管路、电气线路、制动管路、ATF冷却器管路是否存在干涉或损坏，必要时调整	●	●	●	●	●
8	发动机机油及机油滤清器：更换（行驶里程较少的车辆建议每6个月更换）选择机油类型：□专用机油 □优选机油 □高端机油	●	●	●	●	●
9	冷却系统：检查冷却液冰点数值为__℃，检查系统是否泄漏，必要时补充原装冷却液（标准值：-35℃，极寒地区低于-35℃。请使用折射计T10007检查冷却液冰点数值）		●	●	●	●
10	空气滤清器：清洁罩壳和滤芯				●	●
11	蓄电池：观察蓄电池上的电眼，必要时使用MCR 341V检测蓄电池状况，检查正负极连接状态	●	●	●	●	●
12	前大灯：检查灯光，必要时调整	●	●	●	●	●
13	转向横拉杆/稳定杆/连接杆：检查是否有间隙，连按是否牢固	●	●	●	●	●
14	车身底部：检查燃油管，制动液管是否干涉以及底部保护层是否损坏，排气管是否泄漏，固定是否牢靠	●	●	●	●	●
15	底盘螺栓：检查并按规定扭矩紧固				●	●
16	制动系统：检查制动液管路是否泄漏，检查制动液液面，必要时补充	●	●	●	●	●
17	轮胎/轮毂（包括备胎）：检查轮胎磨损情况，必要时进行轮胎换位，同时校正轮胎气压	●	●	●	●	●

续表

序号	保养和检查项目/内容	7500km 首次保养	15000km 常规保养	每 15000km 常规保养	每 30000km 保养	每 60000km 保养
18	车轮固定螺栓：检查并按规定扭矩紧固	●	●	●	●	●
19	试车：性能检查	●	●	●	●	●
20	保养周期显示器：复位	●	●	●	●	●
21	空调系统冷凝排水：检查，必要时清洁		●	●	●	●
22	空调滤芯：更换（行驶里程较少的车辆建议12个月更换）		●	●	●	●
23	空气滤清器：更换（行驶里程较少的车辆建议每12个月更换）		●	●	●	●
24	活动天窗：检查功能，清洁导轨，涂覆专用油脂		●	●	●	●
25	车门限位器，固定销，门锁，发动机盖/后备厢铰链和锁扣：检查功能并润滑		●	●	●	●
26	变速箱/传动轴护套：检查有无渗漏和损坏，连接是否牢固				●	●
27	发动机燃烧室和进气道：用内窥镜检查积炭情况，必要时请使用汽油清净剂				●	●
28	火花塞：更换				●	●
29	楔形皮带：检查，必要时更换（每120000km更换）				●	●
30	活动天窗排水功能：检查，必要时清洁				●	●
31	制动盘、制动鼓及制动摩擦片：检查厚度及磨损情况，必要时更换				●	●
32	尾气排放：检测				●	●
33	燃油滤清器：更换					●
34	手动变速箱：检查变速箱齿轮油液位，必要时补充或更换					●
35	自动变速箱：更换变速箱ATF					●
36	制动液：更换（每24个月或每50000km，以先到者为准）					

注：1. 本表的保养内容和周期是根据汽车在正常行驶情况下制定的。对于使用条件比较恶劣的车辆，特别是经常停车/启动以及常在低温情况下使用的车辆，应经常检查机油液面，并建议每5000km更换机油和机油滤清器。

2. 在灰尘较大环境里行驶的车辆，应缩短空气滤清器滤芯和空调系统花粉过滤器的保养间隔（如每5000km更换）。空调滤芯脏污将影响空调制冷效果，请注意检查并及时更换。

二、发动机养护

1. 发动机机油

（1）机油的润滑　发动机都是采用压力和飞溅两种润滑相结合的润滑方式，如曲轴轴承、连杆轴承、凸轮轴轴颈等这些高速、大负荷的摩擦表面均采用压力润滑；对于如活塞、活塞环、活塞销、气缸壁、凸轮轴等这些负荷相对小、速度相对低的部件和位置采用飞溅润滑。

（2）机油的作用

❶ 润滑。简单来说，润滑就是使相互摩擦的表面分离。通过机油泵向润滑部位输送机油。机油的任务是降低相对移动表面之间的摩擦并减少或完全避免产生磨损和能量损耗。

❷ 冷却部件。摩擦产生的热量由发动机油吸收并通过油底壳扩散到外界空气中。燃烧产生的部分热量也以同样方式通过发动机机油排出。发动机还通过一个机油冷却器来防止机油过热。

❸ 严密密封。发动机机油在活塞环与气缸壁之间形成一层油膜，因此在燃烧室与曲轴箱之间起到严密密封的作用。

❹ 清洁。冷态发动机启动时会产生一定磨损，因为轴承、活塞、活塞环、气缸以及挺杆和摇臂的相对移动面尚未通过发动机油完全分离。此时首先产生的不是液体摩擦，而是混合摩擦。所产生的磨损颗粒必须立即通过机油从润滑间隙处冲刷出去，以免这些微小的金属颗粒产生磨蚀作用。

这些磨蚀颗粒不得与燃烧产生的炭烟颗粒一起沉积在机油回路内，因此机油必须能够使这些磨蚀颗粒保持悬浮状态并将其输送至机油滤清器内。

❺ 防腐。空气湿度和温度不断变化会造成腐蚀（通过氧气和湿气产生腐蚀），例如黑色金属锈蚀。此外，燃烧过程中还会产生具有腐蚀作用的物质，例如亚硫酸。发动机机油通过形成一层覆盖层来防止这些物质的损坏作用。发动机机油的中和能力可进一步提高这种防腐作用。机油可中和掉酸性成分。

❻ 传递作用力。发动机机油还具有传递作用力的功能，因此例如液压气门间隙补偿器（HVA）内充有发动机机油，通过发动机机油将作用力从凸轮轴传递到气门处。

❼ 减振。吸附在金属表面上的润滑剂由于本身应力小，在摩擦副受到冲击时能够吸收冲击振动的机械能，起到减振、缓冲作用。

❽ 绝缘。矿物油等润滑剂有很高的电阻,因此可作为电绝缘油、变压器油。

(3)机油指标　机油有很多指标,通常识别和选用机油最重要的标准是黏度指数。黏度划分是按美国汽车工程师协会(SAE)的标准。

❶ 黏度指数　这是非常重要的一项指标,它是衡量机油黏度受温度变化影响的重要指标。黏度指数越高,表示流体黏度受温度的影响越小,黏度对温度越不敏感。

❷ 运动黏度。运动黏度表示机油在常温环境、低剪切速率下的润滑性能。

❸ 高温高剪切黏度。机油在曲轴颈、凸轮轴等润滑关键部位暖机状态的润滑性能。

❹ 闪点。通俗的理解是机油的沸点。

❺ 倾点。用来表达低温冷车启动时,机油润滑性能的主要指标,可以理解为水的冰点,当达到这个极限温度时,机油就会凝结,发动汽车时,机油就没办法到达润滑部位。同样情况下,倾点越低,说明机油在极限低温方面略占优势。

上述指标,合成油更占优势。性能随发动机温度变化而发生效用下降更缓慢。

(4)机油识别　SAE 和 API 机油的划分标准是最常用的,通过这些标准的划分对机油进行选用和识别。

❶ SAE 标准。SAE 机油黏度分类分别为:0W、5W、10W、15W、20W 等,W 前的数字越小,其低温黏度越低,低温流动性越好,适用的最低气温越低。

例如,10W-40 就是它的 SAE 标准黏度值,这个黏度值首先表示这种机油是多级机油,W 前面的数字代表低温时的流动性能,数值越小低温时的启动性能越好。W 后面的数字代表机油在高温时的稳定性能,即变稀的可能性,数值越大说明机油高温的稳定性能越好。

❷ API 标准。API 标准即美国石油协会(API)对机油品质等级做出的评定标准。机油等级划分从 SA~SN 等,以表示机油品质,S 后面的字母排位越靠后,机油的品质越高,目前为止,SN 级别是最高的。S 表示汽油机油。S 后边的字母表示级别。

如果是"C"开头系列,则代表柴油发动机专用机油,规格有:CA、CB、CC、CD、CE、CF、CF-2、CF-4、CG-4 等。C 后面的字母越往后,油品档次越高。"S"和"C"两个字母同时存在,则表示此机油为汽油和柴油发动机通用型。

API 的级别都是向下兼容,例如 SL 质量级别的机油可以用于要求 SH

机油的发动机。

❸ ACEA 标准。ACEA 是欧盟标准等级的划分。

ACEA A/B：汽油机油与轻负荷柴油机系列。

ACEA A1/B1：稳定且黏度保持性好的机油，用于长换油期用途，特别用于能使用高温/高剪切黏度在 2.6mPa·s 或 2.9～3.5mPa·s 的低摩擦、低黏度润滑油的汽油发动机和轻负荷柴油卡车。

ACEA A3/B3：稳定且黏度保持性好的机油，用于高性能汽油发动机和轻型柴油发动机。

ACEA A3/B4：稳定且黏度保持性好的机油，用于高性能汽油发动机和直喷柴油发动机，但同时满足 ACEA A3/B3 的性能要求。

机油桶上的机油标准信息见图 3-67。

（5）机油更换周期　机油的更换周期限一般在 5000km 或者 6 个月，以哪个先到为准。全合成机油也不要超过 1 万千米。笔者建议在购买新车或者刚刚大修完的车辆，第一次更换机油应该小于 5000km。

图 3-67　机油桶上的机油标准信息

发动机内活塞和气缸壁以及其他相互摩擦运动的金属表面，这些部件运动速度快，环境特殊，工作温度非常高。在这样恶劣的工况条件下，只有合格的机油才可降低发动机零件的磨损，延长使用寿命。如采用劣质机油会导致活塞环卡死，进而导致发动机严重故障。

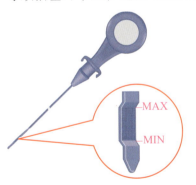

图 3-68　机油油位检查

MAX—机油液面高度的上限；MIN—机油液面高度的下限

（6）机油油位检查　启动发动机前将汽车水平停稳，检查发动机机油液位。如果发动机已启动，则关闭发动机，等待数分钟再检查。

❶ 拔出机油尺并擦拭干净。

❷ 插入机油尺，确认发动机机油液位在如图 3-68 所示的范围内。加注时必须注意机油液面高度，既不能超出"MAX"上限，也不能低于"MIN"下限。建议加注至两个标示中间偏上的位置。

❸ 如果超出范围，请调整。

> **维修提示**
>
> 机油液位不得超过"MAX"上限,否则机油会通过曲轴箱的通风孔被吸入,并可能通过废气排放装置进入大气的过程中在废气净化装置中燃烧并损坏废气净化装置。

2. 机油滤清器

(1) 机油滤清器更换周期 机油滤清器即机油滤芯,在更换机油时必须一同更换。

(2) 更换机油滤清器

❶ 机油滤清器过滤。机油滤清器用于清洁机油,防止污物颗粒进入机油回路并因此进入轴承部分,这样可以避免机油因固体杂质(例如金属磨损颗粒、炭烟或灰尘颗粒)提前变质。

目前车辆发动机一般使用的是所谓的主流量机油滤清器。机油滤清器位于机油泵与发动机润滑部位之间的主机油流内。也就是说,机油泵输送的全部机油在到达润滑部位前都要通过该滤清器,因此润滑部位只获得经过清洁的机油。

图 3-69 拆装机油滤清器

❷ 拆装机油滤清器(图 3-69)

a. 拆卸机油滤清器时用专用扳手松开机油滤清器(逆时针转动)。

b. 安装时在新机油滤清器的橡胶垫圈上涂上一点机油,拧上新机油滤清器,用手拧紧。

c. 加入机油,然后盖好机油加油盖,并启动发动机,检查机油滤清器和放油螺塞处是否有渗漏现象。

3. 空气滤清器

(1) 空气滤清器更换周期 笔者认为,每隔 10000km 更换一次空气滤清器。根据车辆行驶环境可适当调整更换周期。

(2) 空气滤清器过滤 空气滤清器是主要负责清除空气中的微粒杂质的装置。发动机工作时,如果吸入空气中的杂质就将加剧零件的磨损,所以必须装有空气滤清器。

空气滤清器由滤芯和壳体两部分组成（图3-70）。空气滤清器的主要要求是滤清效率高、流动阻力低。

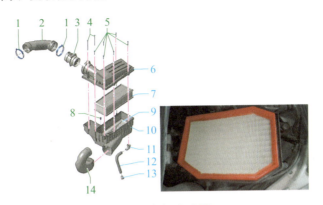

图3-70　空气滤清器

1—弹簧卡箍；2—空气导向管；3—空气质量流量计；4,5,8—螺栓；6—空气滤清器壳上部件；7–空气滤芯（需要例行保养更换）；9—防雪网；10—空气滤清器壳下部件；11—排水软管接头；12—排水软管；13—摆动阀；14—进气导管

（3）拆装空气滤清器　空气滤清器位于发动机舱，而且更换相当方便。打开发动机舱，蓄电池的正极左侧就是空气滤清器的位置。空气滤清器被一个密封壳体覆盖，进气管连接在此壳体上方。要更换空气滤清器就要拆开这个壳体盖。有些车型空气滤清器上的壳体是用螺栓锁紧的，但拆装一般都比较简单，例如斯柯达晶锐。

空气滤清器上的壳体盖四周有卡扣，用于把塑料壳体压紧在空气滤清器上方，保持进气管路的密封。卡扣的结构较为简单，通过往外掰卡扣就能把其拆除，掰开卡扣后打开塑料壳体，取出空气滤清器（滤芯）。

4. 清洗养护

发动机运行时间，进气歧管和进气道内就会产生积炭，通常建议30000km左右免拆清洗一次进气道。喷油器（非高压喷油器）同样在30000km时候免拆清洗一次。根据车辆行驶环境可适当调整清洁周期和拆卸清洗。

5. 燃油滤清器

（1）内置和外置燃油滤清器　燃油滤清器位于燃油箱燃油泵模块和燃油喷射系统之间的供油管上。电动燃油泵通过燃油串接式燃油滤清器向燃油喷射系统提供燃油。纸质滤芯捕获燃油中可能损坏燃油喷射系统的颗粒。滤清器壳体制作坚固，能够承受较大燃油系统压力，并能耐受燃油添加剂和温度变化。集成式燃油滤清器见图 3-71（a）。外置燃油滤清器见图 3-71（b）。

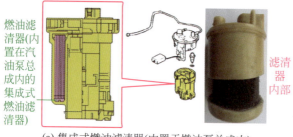

(a) 集成式燃油滤清器(内置于燃油泵总成内)　　(b) 外置燃油滤清器

图 3-71　内置和外置燃油滤清器

（2）连接接头　连接接头（表 3-3）简化了燃油系统部件的安装和连接。这些接头包括一个独特的插座连接器和一个兼容的外螺纹管接头。位于插座连接器内的 O 形密封圈可密封燃油。位于插座连接器内的整体式锁紧凸舌将接头固定在一起。

表 3-3　连接接头

类型	操作说明	图示
分离接头 1	在两侧有分离按钮的插入式接头	
	先沿箭头 A 方向按压插入式接头 1 按下并保持分离按钮 再沿箭头 B 方向将插入式接头 1 从燃油管 2 上拉出 燃油管的插入式接头在连接时必须听到啮合的声音 安装好以后拉动一下以保证接头紧固	
分离接头 2	带有拉动分离机构的插入式接头	
	先沿箭头 A 方向按压插入式接头 1 沿箭头 B 方向拉动分离机构 2 再沿箭头 B 方向将插入式接头 1 从燃油管 3 上拉出 燃油管的插入式接头在连接时必须听到啮合的声音 安装好以后拉动一下以保证接头紧固	

续表

类型	操作说明	图示
分离接头3	带有前部按钮（箭头）的插入式接头	
	按压分离按钮（箭头）并拉出插入式接头 燃油管的插入式接头在连接时必须听到啮合的声音 安装好以后拉动一下以保证接头紧固	
分离接头4	在两侧有分离按钮（箭头）的插入式接头	
	先沿箭头 A 方向按压插入式接头 再按压分离按钮并沿箭头 A 相反的方向拉出插入式接头 燃油管的插入式接头在连接时必须听到啮合的声音 安装好以后拉动一下以保证接头紧固	
分离接头5	在两侧有分离按钮（箭头）的插入式接头	
	按压分离按钮（箭头）并拉出插入式接头 燃油管的插入式接头在连接时必须听到啮合的声音 安装好以后拉动一下以保证接头紧固	
分离接头6	在两侧有分离按钮的插入式接头	
	先沿箭头 A 方向按压插入式接头 1 再按压分离按钮（箭头 B），并沿箭头 A 相反的方向拉出插入式接头 燃油管的插入式接头在连接时必须听到啮合的声音 安装好以后拉动一下以保证接头紧固	
分离接头7	在两侧有分离按钮 2 的插入式接头 1	
	先沿箭头 A 方向按压插入式接头 1 再沿箭头 B 方向按压插入式接头 1 的分离按钮 2，并沿箭头 A 相反方向拉出插入式接头 1 燃油管的插入式接头在连接时必须听到啮合的声音 安装好以后拉动一下以保证接头紧固	

（3）尼龙燃油管　在连接燃油管接头前，务必在外螺纹管接头上滴数滴清洁的发动机机油，这样可保证重新连接正确并防止可能出现的燃油泄漏（在正常运行中，位于插座连接器的 O 形密封圈会出现膨胀，如果不进行润滑，就无法重新正确连接）。

尼龙燃油管具有一定挠性，可平滑弯曲地排布在车辆底部。但是，如果尼龙燃油管受力突然弯曲，则其可能扭结并限制燃油流动。此外，如果接触燃油，尼龙燃油管会变硬，如果弯曲过大则更可能扭结。在带尼龙燃油管的车辆上操作时要特别小心。

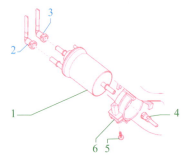

图 3-72　燃油滤清器相关组件

1—燃油滤清器；2—燃油供油管路（黑色，来自燃油箱）；3—燃油回油管路（蓝色，连接燃油箱）；4—燃油供油管路（黑色，到发动机）；5—螺栓；6—支架（用于支撑燃油滤清器）

（4）更换燃油滤清器　燃油滤清器的任务是：滤清燃油中的杂质和水分，防止燃油系统堵塞，减小机件磨损，保证发动机正常工作。燃油滤清器相关组件见图 3-72。拆装燃油滤清器见表 3-4。

外置燃油滤清器在每更换两次机油的周期更换一次，也就是每 10000km 更换一次即可。如果是内置在燃油箱的集成燃油滤清器，应该在每 30000km 左右更换一次。根据行程和使用燃油情况调整更换周期。

注意，燃油滤清器上有箭头标记表示燃油流动方向，接头不要混淆。

表 3-4　拆装燃油滤清器

拆装	主要步骤和事项	图示
拆卸燃油滤清器	拆下进油管路 1 和 3 以及回油管路 2	
	松开管路时按压卡环，旋出螺栓 4	
	取下燃油滤清器	
安装燃油滤清器	燃油流动方向在滤清器壳体上用箭头标出	
	燃油滤清器必须嵌入滤清器支架上的导向件中	
	启动发动机，检查燃油滤清器接头处是否泄漏	

6. 正时皮带和水泵

正时皮带和水泵更换周期：正时皮带在发动机中非常重要，一般 60000～80000km 更换一次。更换正时皮带时，如果是水泵与正时皮带相驱动的，那么水泵也一同更换。同时更换张紧器或张紧轮。

三、变速器养护

1. ATF 更换周期

通常应该每 60000km 更换一次 AFT，同时更换自动变速器油滤芯。

ATF 是指专用于自动变速器的油液。ATF 对自动变速器的工作、使用性能以及使用寿命都有非常重要的影响。汽车自动变速器保养的主要内容就是对 ATF 的检查和更换。

2. 手动变速器齿轮油更换周期

笔者认为，手动变速器齿轮油应该每 80000km 左右更换一次即可。

3. ATF 检查

（1）油尺检查　用油尺进行检查时，一般应按以下步骤进行。

如图 3-73 所示，自动变速器用本身带有的油尺进行检查。

❶ 检查有无 ATF 泄漏。

❷ 行驶前，当油温处在 30～50℃时使用自动变速箱油尺的"COLD"范围检查油面高度。

a. 将车辆停放在水平地面上，拉起驻车制动手柄。

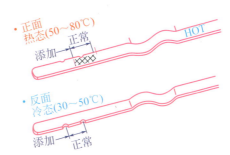

图 3-73　用油尺检查自动变速器油量

b. 启动发动机，并将选挡杆在各挡位位置上移动。最后将选挡杆至于"P"位置。

c. 在发动机怠速时检查 ATF 的液面高度。

d. 拔出自动变速箱油尺，用无绒纸擦净。

e. 重新将自动变速箱油尺尽可能地插入加油管中。

扫一扫

视频精讲

> **维修提示**
>
> 使用附带限位器将自动变速箱油尺牢靠地固定在自动变速箱油加注管中。

f. 拔出自动变速箱油尺，观察油尺指示。如果指示自动变速箱油面过低，应向加油管中添加自动变速箱油。注意不要过量加注油液。

❸ 在城区道路上驾车行驶大约 5min。

❹ 当油温达到 50～80℃时根据自动变速箱油尺"HOT"范围重新检查油面高度。

❺ 检查 ATF 状况。

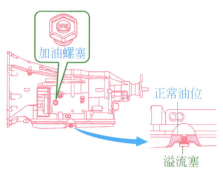

图 3-74 从溢流塞处检查自动变速器油量

a. 如果 ATF 颜色发黑或有焦煳味，应予更换。

b. 如果 ATF 中含有摩擦材料（离合器和制动带）等，则应在修理自动变速器后更换散热器，并用清洁剂和压缩空气冲洗冷却器管路。

（2）溢流塞检查　如图 3-74 所示，从溢流塞处进行检查（这种自动变速器本身不带油尺，也没有油尺导管，但有加油口螺塞，有的则须从溢流塞孔处加注自动变速器油）。

四、空调养护

1. 空调滤芯更换周期

笔者认为，每隔 10000km 更换一次空气滤清器和空调滤芯，根据车辆行驶环境可适当调整更换周期。

扫一扫

视频精讲

2. 空调外循环清洗

使用空调养护专用的外循环清洗剂，其主要目的是杀菌和去除异味，具体操作如下。

❶ 在外循环的状态下，冷热区间置在中间，打开空调冷风且风量开到最大，风向置于头部和脚部。

❷ 把专用清洗剂配套的软管从空调外循环进气口（空调滤芯处）旁边小孔插入空调进气口，或者直接打开空调滤芯把软管伸进去，进行喷洗。

❸ 清洗时，不要连续喷很多，间隔性进行喷洗，以便让清洗剂很好地进入空调外循环系统。

清洗的污垢会从空调排水口排出，10min 左右关闭空调，清洗完成。

3. 清洗冷凝器和散热器

空调的冷凝器和散热器一起安装在保险杠后的格栅，这样能行驶中的气流可增强热量的散发。

由于行车环境和行车时间等因素，散热器和冷凝器上会附着一些杂物导致流通性不好，影响其散热效果。比如在石家庄，建议每年春天过后对散热器和冷凝器进行一次清洗。拆卸后用高压水枪的低压挡进行清洗，这样比较彻底。如图 3-75（a）所示是清洗冷凝器后，如图 3-75（b）所示是清洗冷凝器前，差异明显。

(a)   (b)

图 3-75　清洗冷凝器

4. 空调内循环

在空气内循环模式下，车外空气不会进入车内，空气仅仅在车内循环运行。因此，开启空气内循环模式可防止车外浑浊、难闻的空气进入车内。

在车外温度较低时，开启空气内循环模式可以改善加热效率，因为此时只对车内的空气进行加热。在车外温度较高时，开启空气内循环模式可以改善制冷效率，因为此时只对车内的空气进行制冷。

维修提示

在空气内循环模式下，新鲜空气不会进入车内。关闭制冷系统后，在空气内循环模式下车窗玻璃会很快结有水雾并严重影响向外看的视线。不需要使用空气内循环模式时，请务必将其关闭。

5. 空调温度

如果感觉空调制冷效果不好，可以用温度计来探测出风口的温度。一般来说，正常出风口温度为 2～5℃ 都正常。如果温度为 7℃ 以上，表明制冷效果比较差，需要进一步检修。

如果无法打开空调制冷，可能有以下原因。

❶ 鼓风机已关闭。

❷ 车外温度低于约 3℃。（自动空调低于 1℃ 时启动）。

❸ 制冷装置的压缩机由于发动机冷却液温度过高而暂时关闭。

❹ 空调的熔丝损坏。

❺ 进一步检修其他故障原因。

6. 制冷剂

扫一扫

视频精讲

（1）回收制冷剂

❶ 关闭点火开关。

❷ 接通设备电源。

❸ 连接制冷回路高、低压管路。

❹ 打开设备低、高压阀门开关。

❺ 选择设备"制冷剂回收"选项，启动设备，开始回收工作。

❻ 查看设备低压表压力值，当压力表达到 34kPa 真空度时，关闭设备，停止回收。

（2）加注制冷剂　应在补充空调压缩机润滑油之后进行。

❶ 连接制冷回路高、低压管。选择设备"制冷剂加注"选项，调整加注量。

❷ 打开低压阀门开关，启动设备进行加注。

❸ 观察设备显示屏，当加注量达到设定值时，屏幕显示加注完成。

❹ 关闭阀门。

（3）加注慢操作　如果设备显示加注速度过慢，按以下操作。

❶ 断开制冷回路高压接头，只连接低压端。

❷ 关闭设备高、低压阀门。

❸ 将汽车设置到驻车挡，启动发动机，打开空调，设定为低温模式。

❹ 打开设备低压阀门，制冷剂将从低压端注入制冷管路中。

❺ 当压力表显示达到低压标准值后，断开低压端接头。

❻ 制冷剂加注完成。

7. 冷冻油

维修提示

① 制冷剂回收完成后，才进行空调压缩机润滑油的排放。
② 按照相关法规，回收处理废弃润滑油及制冷剂。
③ 清空加注机排油收集瓶。

（1）排放冷冻油

❶ 连接制冷回路高、低压管路。

❷ 打开设备低、高压阀门开关。

❸ 在空调制冷剂加注机控制板面上打开排油阀门，启动设备，查看空调压缩机润滑油是否排入收集瓶中。

❹ 空调压缩机润滑油排放完成后，停止排油，关闭排油阀。
❺ 检查收集瓶，记录油量。
（2）补充冷冻油
❶ 根据收集瓶内润滑油油量，添加新润滑油。
❷ 如单独更换部件，请按照修车标准补充空调压缩机润滑油。

维修提示

抽完真空后，才能添加压缩机润滑油。

扫一扫

视频精讲

（3）按标准添加冷冻油
❶ 连接制冷回路高、低压管路，打开设备高压阀门及压缩机润滑油加注开关。
❷ 启动空调制冷剂加注机，观察加注瓶中油面高度，直到所需油量。
❸ 关闭高压阀门。

8. 空调系统抽真空

❶ 连接制冷回路高、低压管路。
❷ 打开设备高压阀门，选择"抽真空"选项，设定时间为 15min。启动设备抽真空，时间达到设定值时，设备自动停止工作。
❸ 关闭设备高压阀门，查看低压表压力值。
❹ 如果压力值达到设定值，没有重新升高，则确认制冷回路没有泄漏，可以进行压缩机润滑油与制冷剂的添加。
❺ 如果压力值上升，则检查制冷回路是否泄漏。

五、油液检查

1. 冷却液

（1）冷却液更换周期　冷却液需要每 2 年更换一次。不同颜色冷却液不能混。

冷却液不仅可以在低温环境中提供防冻保护，而且保护冷却系统中的所有轻合金零部件，防止其腐蚀，除此之外还可以防止沉积物并显著提高冷却液沸点。因此，冷却液的浓度即使在温暖季节或地区也不可以因为补水而降低。

（2）检查冷却液　检查冷却液的液面位置。冷却液的液面位置应在低和满两条标记线之间。如图 3-76 所示为冷却液限位标记。如果液面位置低，则应检查是否有渗漏，并添加冷却液至上限位置。

> **维修提示**
>
> ① 添加发动机冷却液时，务必将一块合适的抹布置于补偿罐的盖子上，防止面部、双手和双臂受热的发动机冷却液或蒸气伤害。
>
> ② 发动机冷却液只可添加至标记区域的上边缘，否则多余的发动机冷却液在受热时会从发动机冷却系统中被挤出，并可能导致损坏。

2. 制动液

（1）制动液更换周期　制动液必须每 2 年更换一次，如果 2 年不到，建议行驶里程超过 6 万千米时更换制动液。制动液必须使用该车型手册指定的型号，不得与其他品牌、型号的制动液混加。

随着时间和里程的增加，制动液会慢慢吸收空气中的水分，制动液中过高的含水量可能会引起制动系统的腐蚀损伤。此外，制动液的沸点也会明显下降，在高负荷制动的情况下，制动系统中会产生气泡，从而使制动效能降低。

（2）检查制动液　在车辆行驶过程中，由于制动摩擦片的损耗及其自动调整，使制动液液面产生轻微的下降，这种情况是正常的。制动液非正常下降，将会导致车辆隐患，甚至出现重大安全事故，所以一定要在例行保养中检查制动液。

如图 3-77 所示，检查制动液液面是否位于储液罐的 MAX 和 MIN 标记之间。如果大于 MAX，则可能是制动液加注过多；如果小于 MIN，则可能是制动系统某部分发生渗漏所致。此时应仔细检查制动系统是否存在渗漏现象，之后再将制动液加注到标准范围。

图 3-76　冷却液限位标记

图 3-77　制动液液位标记

六、火花塞

1. 火花塞的种类

火花塞主要由接线螺母、绝缘体、接线螺杆、中心电极、侧电极以及外壳组成，侧电极焊接在外壳上，火花塞见图3-78。

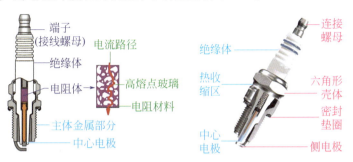

图 3-78　火花塞

维修提示

火花塞与汽车上其他电气设备一样，采用单线制连接，即电源的一个电极用导线与各用电设备相连，而侧电极则通过发动机机体相连，接地。

2. 火花塞电极形状和放电性能

圆形电极使放电困难，方形或尖形电极使放电较容易。火花塞经过长时间使用，电极成了圆形之后，使放电困难。因此，火花塞应定期更换。火花塞的电极越细越尖，越容易产生火花。但是，那样的火花塞耗损较快，使用寿命较短。因此，有些火花塞电极上带白金或铱金。火花塞电极见图3-79。

图 3-79　火花塞电极

当火花塞耗损后，电极间隙变大，发动机可能会缺火。中心电极和接地电极间隙增大后，使得火花跳过电极就更困难，因此需要更高的电压来产生火花，所以每隔一定的里程必须调整火花塞电极间隙或更换火花塞。

（1）白金火花塞　在白金火花塞上，白金是焊在中心电极和接地电极的顶端的，所以这样的火花塞，其使用寿命较常规火花塞更长。由于白金耐磨，所以其火花塞的中心电极可以制作得很小，仍能具有优良的引燃火花性能。

图 3-80　双铱金火花塞

（2）单铱金火花塞　普通铱金火花塞上，铱（较铂有更高的耐磨能力）是焊在中心电极顶端的，但焊在接地电极上的仍是白金或普通镍铜材质。

（3）双铱金火花塞　双铱金火花塞是中心采用铱合金针状电极，侧电极也采用铱合金材料（图 3-80）。

3. 火花塞热值

火花塞热值是指火花塞受热和散热能力的一个指标，其自身所受热量的散发量称为热值。热值包括 1～9 九个数字，其中 1～3 为低热值，4～6 为中热值，7～9 为高热值。数字越高，火花塞越偏冷，散热性也更好，更换火花塞需要符合其热值。一般轿车常用热值在 5～7 的居多。

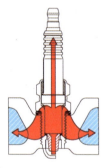
图 3-81　冷型火花塞

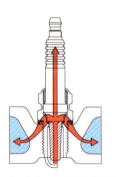
图 3-82　热型火花塞

（1）冷型火花塞　能够大量散热的称为冷型火花塞（图 3-81），也就是高热值火花塞，绝缘体裙部相对较短。由于散热途径比较短，散热相对较多，所以不易造成中心电极温度的上升。

（2）热型火花塞　热型火花塞（低热值）的绝缘体裙部较长，当气缸内温度分布均匀时，裙部越长，受热面积就越大，传导热量的距离就越长，所以散热少，中心电极温度上升较高（图 3-82）。

> **维修提示**
>
> 一般来说低热值火花塞更适用于低速、低压缩比的小功率发动机，而高热值火花塞则适用于高速、高压缩比的大功率发动机。这个数值越大，也就越"冷"；这个数值越小，火花塞的散热就越小，也就越"热"。热值的高低，取决于缸内混合气温度和火花塞的设计。

4. 火花塞间隙

不同规格的火花塞间隙也不一样，0.7～0.9mm、1.1mm、1.25～1.3mm 都是比较常用的火花塞间隙。

5. 检查火花塞

（1）检测火花塞电阻　如图 3-83 所示，用万用表来检测火花塞电阻。如果不在规定范围内，请更换火花塞。火花塞电阻为 3.0～7.5 kΩ。

（2）从火花塞色相判断故障

❶ 良好工况的火花塞。正常燃烧的火花塞中心电极呈灰色或黄色（图 3-84）。侧棕色至浅灰褐色，且带少量白色粉状沉积物，是含添加剂的燃油正常燃烧的副产品。

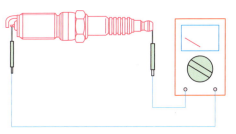

图 3-83　检测火花塞电阻

图 3-84　正常燃烧的火花塞

> **维修提示**
>
> （1）火花塞电晕特征　火花塞绝缘体陶瓷下部呈黄色、茶色的污垢叫作电晕（图 3-85），这是一种正常的火花塞特性现象。而多数人把这种现象误认为火花塞漏气或者漏电。

（2）火花塞电晕的产生　由于火花塞内部的中心电极导通的是高压电，高压电对飘浮在空气中的油粒子有吸附作用，吸附在白色绝缘体的表面。就像塑料袋有静电会吸在人身上、老式电视机高压部件会吸灰尘、高压电箱会吸人，一样的道理。另外，由于点火线圈（或者高压线）橡胶套的遮挡作用，电晕只有靠近金属壳体的一段才有。电晕并不影响火花塞性能，没有可靠证据证明电晕和火花塞的使用寿命有直接联系。

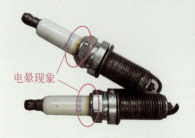

图 3-85　火花塞电晕

❷ 火花塞故障检查见表 3-5。

火花塞积炭——干燥、蓬松的黑炭或烟灰由以下情况产生：

① 燃油混合气过浓；
② 喷油器泄漏；
③ 燃油压力过大；
④ 空气滤清器滤芯堵塞；
⑤ 燃烧不良；
⑥ 点火系统电压输出减小；
⑦ 线圈不耐用；
⑧ 点火导线磨损；
⑨ 火花塞间隙不正确；
⑩ 长时间怠速运行或在轻载下低速行驶可导致火花塞始终处于低温状态，使得正常燃烧沉积物无法燃烧完全。

沉积物污染——机油、冷却液或含硅等物质的添加剂（降低火花强度，颜色很白的覆盖层）。大多数粉状沉积物除非在电极上形成了烧结物，否则不会影响火花强度。

表 3-5　火花塞故障检查

故障特征	图示	说明 / 故障原因
火花塞呈白色		电极熔化且绝缘体呈白色，表明燃烧室内温度过高。这可能是燃烧室内积炭过多，使气门间隙过小等引起的排气门过热或是冷却装置工作不良，也可能是火花塞未按规定力矩拧紧等

续表

故障特征	图示	说明/故障原因
电极结有烧蚀结疤		电极变圆且绝缘体结有烧蚀结疤，表明发动机早燃，可能是点火时间过早或者汽油辛烷值低，火花塞热值过高等原因
黑色沉积物，熏黑污损		火花塞电极和内部有黑色沉积物，表明混合气过浓，可以提高发动机运转速度，并持续几分钟，就可烧掉留在电极上一层黑色的煤烟层 电流通过附着在火花塞点火部上的炭漏出导致熄火，发动机性能变差
油性沉积物		火花塞上有油性沉积物，表明润滑油进入燃烧室内。如果只是个别火花塞，则可能是气门杆油封损坏。如果各缸火花塞都粘有这种沉积物，表明气缸窜油，应检查空气滤清器和通风装置是否堵塞
添加剂（MMT）污染	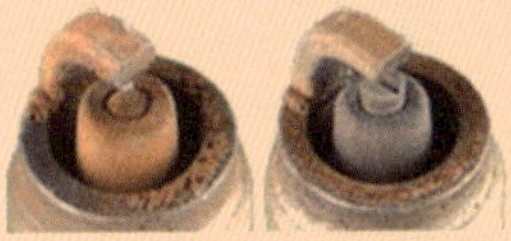	MMT在燃烧后会对汽车零件造成污损，使火花塞点火部呈茶褐色，火花塞被污损后火花会由绝缘体表面泄漏造成熄火
火花塞绝缘体破裂		火花塞绝缘体破裂多数为劣质火花塞所致 如果绝缘体顶端碎裂，爆震燃烧是主要原因之一。而点火时间过早、汽油辛烷值低、燃烧室内温度过高，都可能导致发动机爆震燃烧
火花塞漏气火花塞壳体最薄处被烤得发蓝	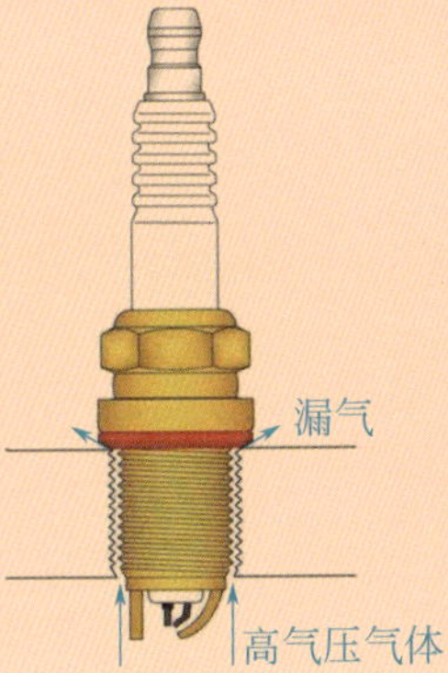 漏气 高气压气体	安装火花塞时，安装力矩不足，造成的人为漏气 火花塞漏气会造成发动机无力，怠速不稳，抖动变大，高速容易熄火，油耗增加，甚至发动机无法启动，导致火花塞故障、发动机损坏的严重后果

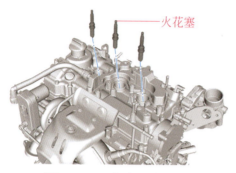

图 3-86　更换火花塞

6. 火花塞更换周期

（1）更换火花塞　更换火花塞（图 3-86）需要专用套筒工具。拆卸点火线圈，更换火花塞。注意固定火花塞力矩（一般为 22.5N·m），按车型维修手册规定力矩执行。

（2）火花塞参数　见表 3-6。

表 3-6　（某品牌）火花塞参数

火花塞	使用里程（寿命）/万千米	主电极	侧电极	熔点
单铱金火花塞	4	铱金 0.6mm	镍铜合金	铱金熔点 2454℃
双铱金火花塞	8	铱金 0.6mm	铱金 0.6mm	铱金熔点 2454℃
铱铂金火花塞	6	铱金 0.6mm	铂金	铱金熔点 2454℃
单铂金火花塞	3	铂金 1.0mm	镍铜合金	铂金熔点 1772℃
双铂金火花塞	5	铂金 1.0mm	铂金	铂金熔点 1772℃
镍铜普通火花塞	1.5	镍铜合金 2.5mm	镍铜合金	镍铜熔点 1445℃

七、蓄电池

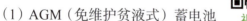

1. 带启停系统汽车用蓄电池

（1）AGM（免维护贫液式）蓄电池

❶ 结构功能特点。AGM 蓄电池（图 3-87）是一种采用玻璃纤维隔板的阀控式密封蓄电池。AGM 蓄电池配备高压纤维分离器，永久吸附电解质，对活性物质永久且均匀施加高压。强大的充放电循环能力，可长时间在怠速工况的情况下提供电能。

扫一扫

视频精讲

❷ 作用特点。由于启停系统频繁重启发动机，蓄电池支持频繁的大电流放电，

图 3-87　AGM 蓄电池

蓄电池要具备很强的充电接受性能，蓄电池可以满足启停功能需求。有些车不带启停系统，但车上配置用电器较多，比如车载冰箱、咖啡机、后排影视等需要供电，应使用 AGM 蓄电池，用普通电池不行。

❸ AGM 识别。蓄电池上标有 AGM 或者 VRLA（阀控式密封铅酸电

池）字样即为带启停系统汽车用蓄电池。由于原车配套厂家不同和蓄电池生产商对 AGM 蓄电池的标注有所不同，有的原车蓄电池上标注 AGM 字样，有的标注 VRLA 字样。AGM 蓄电池不能和普通的铅酸蓄电池混用。

（2）EFB（增强型注水式）蓄电池

❶ 结构功能特点。EFB 蓄电池也是汽车启停系统用蓄电池。适用于部分荷电状态下运行的应用，且这些应用不要求像 AGM 蓄电池一样强大的深循环特性。其特殊的聚酯纤维隔板，能在极板上吸附更多的活性物质，在活性物质上产生均匀的低压，减少其流失，增加使用寿命。

❷ 作用特点。织物隔板是电池板与分离器之间的另一种聚合物成分。织物隔板将活性材料在电池板内部固定就位，并且避免了物质的腐蚀，增强了深度循环耐受性，同时提高了充电接收能力。

❸ 安装布局。EFB 为富液蓄电池，耐高温性较好，可以安装在发动机舱内。而 AGM 为贫液蓄电池，使用时应避免高温，所以一般安装在后备厢中。

2. 蓄电池选用

（1）外形　选择蓄电池适合于安装托盘上的物理尺寸的蓄电池。

（2）冷启动电流（CCA）　CCA 是良好启动性能的关键。它是一个蓄电池在 -17.8℃ 的条件下，于 30s 内蓄电池电压下降到不可用的水平时所能产生的电流。

（3）20 小时率额定容量（C20）。C20 是指一个蓄电池在 27℃ 环境温度下，以蓄电池 20 小时额定容量 1/20 的电流放电至终止电压为 10.5V 所产生的电量，它标定了在降至终止电压前，蓄电池以足够的动力供汽车运行，所保持的安培小时数。

20 小时率额定容量和冷启动电流 CCA 是两个重要指标，一般情况下，CCA 和 C20 的数值越高表明蓄电池性能越好。

3. 蓄电池充电

长时间存放的车辆，如果蓄电池亏电，一般要进行充电。

❶ 必须在通风良好的地方进行蓄电池充电。

❷ 保持蓄电池水平。

❸ 将引线连接至蓄电池前，将充电机和定时器旋至 OFF，避免产生危险的火花。

维修提示

注意，切勿给明显损坏或冻结的蓄电池充电。

❹ 将充电器连接至蓄电池：红色正极（+）连接至正极一端（+），黑色负极（-）连接至负极一端（-）。

❺ 如果蓄电池仍安装在汽车中，请将负极连接至发动机缸体作为接地线。

❻ 确保关闭点火和所有用电器。

❼ 设定计时器，打开充电器，并慢慢提高充电速率直至达到所需的电流。

❽ 如果蓄电池发热，或产生强烈的气体，或喷出电解质，则要降低充电速率或暂时关闭充电器。

维修提示

注意，移除引线之前请务必保证将充电器旋至 OFF，以防止产生危险的火花。

4. 蓄电池"对火"

（1）条件

❶ 使用跨接线给车辆对火充电，两个蓄电池的电压应相同。

❷ 在连接蓄电池充电线前，两个蓄电池的外形应完好。

❸ 确保车辆间距离，且两个点火开关都旋至 OFF 位置。

维修提示

将蓄电池与整车电气系统断开时必须先拆负极电缆，然后方可拆正极电缆。

连接蓄电池前必须关闭所有用电设备，且须先接正极电缆，后接负极电缆，切勿接错电缆极性。

（2）跨接启动操作步骤　蓄电池跨接电缆连接示意见图3-88。

❶ 将跨接电缆正极（+）连接至亏电蓄电池的正极（+）（图3-88中1）。

❷ 将跨接电缆正极（+）的另一端连接至辅助蓄电池的正极（+）（图3-88中2）。

❸ 将跨接电缆负极（-）连接至辅助蓄电池的负极（-）（图3-88中3）。

❹ 最后将跨接电缆负极（-）的另一端（图3-88中4）连接至熄火车辆的连接金属部件上或发动机舱内的连接点上（图3-89）。注意，连接点必须尽可能远离无电蓄电池。

❺ 确保跨接电缆连接牢固结实、不缠绕。适当安置跨接电缆，注意避免使其与发动机舱内的运动部件接触。

❻ 启动供电蓄电池汽车的发动机，怠速运转。启动无电蓄电池汽车发动机，等1～2min，直至其平稳运转。

❼ 当熄火车辆发动机正常工作后，再按连接时相反顺序拆除跨接线。

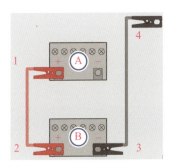

图3-88　蓄电池跨接电缆连接示意

图3-89　负极连接的接地点

5. 正确使用蓄电池

❶ 汽车每次正常启动一般不超过3～5s，如果5s还没有启动，应立即停止启动，等待10s再次启动。

❷ 发动机没有运转时，尽量不要使用车上电气（音响、照明等）。

❸ 离开车前，先关闭车上电气，最后关闭发动机。

❹ 每次通电时间不得小于5s，避免频繁快速通断操作。

6. 蓄电池检查

从视窗检查蓄电池电解液液位：汽车蓄电池上侧的圆形视窗根据电解液液位变换颜色显示（图3-90中箭头）。圆形视窗中的颜色显示会根据汽车蓄电池内的电解液液位而变化。如果电眼呈黑色，表明蓄电池正常；如果电

图 3-90 负极连接的接地点

眼呈白色，表明电解液液位偏低。

7. 蓄电池故障

❶ 车辆启动较困难，需要不止一次打火，感觉启动电量不足。

❷ 发动机没有运转时，可以按几次喇叭，如果声音明显无力，说明蓄电池已经亏电；发动机没有运转时，开启大灯 5min，如果大灯明显由亮转暗，说明已经亏电。

一般情况下，蓄电池的使用寿命基本为 2～3 年的情况居多，这可以作为一个蓄电池更换参考周期。

> **维修提示**
>
> 行驶时如果警告灯（红灯）亮起，表明发电机不再对蓄电池充电。

八、轮胎

1. 轮胎寿命

轮胎使用寿命主要取决于气压、行车路况、驾驶风格。

根据轮胎品牌，轮胎外圆周上通常均匀分布 6～8 个横穿花纹、高度为 1.6mm 的磨损标记（图 3-91），如字母"TWI"或"△"标记或生产厂商的

图 3-91 轮胎磨损标记

"图标"，用于指示磨损标记所在位置。在磨损标记旁测得的纹槽深度降至 1.6mm 时该轮胎即达法定允许的最小花纹深度，无论轮胎行驶里程是多少，该轮胎必须更换。

2. 轮胎安装位置标记

❶ 轮胎侧壁上有一个白色点，这个白色点也称为匹配点。匹配点表示轮胎上径向力最低的位置（在整个轮胎圆周上测量）。径向力波动是径向摆动误差与轮胎刚性差异共同作用的结果，这种情况是由所用组件材料厚度不

均匀造成的。

❷ 径向摆动偏差无法通过车间设备在轮胎本身上检测出来。只有装配成整个车轮时，才能利用车间设备检测径向摆动偏差。

❸ 在钢制轮辋的外侧轮缘上，作为标记用冲子冲出了一个最大径向摆动误差点（高点）。

❹ 钢制轮辋轮缘上的标记必须对准轮胎上的标记，这样才能确保最佳安装状态。

> **维修提示**
>
> 铝合金轮辋上没有这样的标记。轮胎上的黄色标记点要对准气门嘴（图 3-92）。

图 3-92　轮胎安装位置标记（钢制轮毂）

扫一扫
视频精讲

3. 车轮动平衡与轮胎换位

（1）车轮动平衡　最大允许不平衡极限值应该每侧不大于 20g 的配重铅块，也就是每个轮不大于 40g。

（2）轮胎换位　建议汽车行驶 10000km 后，应该进行如图 3-93 所示的换位。轮胎换位后，应该调整胎压。轮胎在修补后视情况要调整轮胎位置。

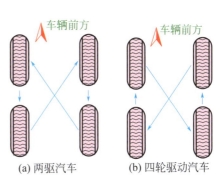

图 3-93　轮胎换位示意

4. 轮胎故障

参考表 3-7 所示的轮胎故障，观察轮胎磨损情况，帮助查找和判定轮胎磨损原因。

表 3-7　轮胎故障

故障表现（位置特点）	故障图示	故障主要原因
胎面中央磨损		①由于轮胎过度膨胀，中央轮胎磨损至露出纤维 ②缺乏转动 ③主动轮的轮胎缘距过大 ④主动轮的加速度过大
两个胎肩迅速磨损		①轮胎充气压力小 ②悬架部件磨损 ③转向速度过大 ④缺乏转动
一个胎肩磨损		①前束调整超出标准值 ②车轮外倾超出标准值 ③支柱损坏 ④下臂损坏
部分磨损		由制动鼓上的不规则毛边导致的磨损
车轮边缘有羽毛边		①前束调整超出标准值 ②横拉杆损坏或磨损 ③转向节损坏
磨损花纹		非主动轮的前束过大

九、OBD 检测

OBD 英文全称为 On-Board Diagnostics，即车载诊断系统。车载诊断系统能在车辆运行过程中对影响发动机尾气排放质量的各系统及零部件的运行状况进行实时监控。不稳定的运行将以代码的形式存储在发动机控制器中，以便于指导以后的检测、调整及维修。如果仪表中的 OBD 系统指示灯点亮或闪烁，说明与排放相关的系统或零件出现故障，需要尽快进行检查。

1. 燃油品质对排放的影响

目前我国都已采用无铅汽油，但部分地区仍然采用含锰等金属元素的汽油抗爆剂，并且汽油中的硫含量和烯烃含量较高，这对 OBD 系统中的部分控制部件和排放值超标有较大的影响。

如果汽油中锰含量较高，其燃烧后的锰化合物将会沉积在点火系统的火花塞、氧传感器以及三元催化净化装置的内表面，造成点火困难、氧传感器失效以及三元催化净化装置堵塞。

如果汽油中硫含量较高，燃烧后的硫化物将随尾气排出而产生酸性物质，形成酸雨，影响大气环境；同时硫化物还影响三元催化净化装置的活性，影响氮氧化物（NO_x）的排放。如果汽油中烯烃、芳烃以及胶质等含量较高，将在发动机燃烧室、进气阀和燃油喷射系统等部位形成沉积物、积炭和胶质，并且导致尾气排放的烃类化合物超标。

在车辆使用过程中，应注意避免将汽油使用到燃油表的最低限，以免造成油箱底部脏物进入燃油系统。

2. 维护保养的重要性

如果车辆出现如油耗增加、加速不良、怠速不稳等问题，并导致车辆的尾气排放污染物超出国家的标准，OBD指示灯将会点亮或闪烁。因此，使用合格的油品和配件、定期对车辆进行维护保养非常重要。要在规定时间内更换火花塞、空气滤清器、汽油滤清器、机油及机油滤清器，避免出现排放超标或者缺火等故障现象。

根据行车情况，定期对发动机喷油嘴、燃烧室、进气道、节气门进行清洁；对于经常低速行驶的车辆，容易出现燃烧室、喷油嘴、火花塞上的积炭问题，建议在条件允许的前提下，最好每隔一段时间高速行驶。

扫一扫

视频精讲

扫一扫

视频精讲

第四章

扎根车间
——成就"汽修工匠"

第一节　掌握总成维修和零部件更换

一、日常维修和零部件更换

1. 凸轮轴盖和部件（图 4-1）

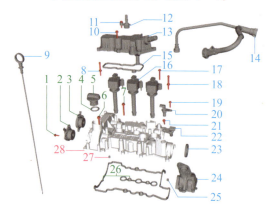

图 4-1　凸轮轴盖和部件

1—凸轮轴位置执行器磁铁螺栓；2,3—凸轮轴位置执行器磁铁；4—机油加注口盖密封件；5—机油加注口盖；6,7—凸轮轴盖螺栓；8,18—进气歧管盖双头螺栓；9—机油尺；10—曲轴箱强制通风油气分离器螺栓；11—曲轴箱强制通风阀螺栓；12—曲轴箱强制通风阀；13—曲轴箱强制通风油气分离器；14—曲轴箱强制通风管；15—曲轴箱强制通风油气分离器衬垫；16—点火线圈；17—点火线圈螺栓；19—进气凸轮轴位置传感器螺栓；20—进气凸轮轴位置传感器；21—排气凸轮轴位置传感器螺栓；22—排气凸轮轴位置传感器；23—真空泵密封件；24—备用燃油泵和真空泵盖；25—凸轮轴盖定位销；26—凸轮轴盖密封件；27—凸轮轴盖定位销；28—凸轮轴盖

2. 发动机缸盖和部件（图4-2）

1—凸轮轴位置执行器螺栓；2—凸轮轴位置执行器；3—凸轮轴轴承环；4—凸轮轴轴承；5—凸轮轴轴承前盖；6,8,9—凸轮轴轴承上盖；7—凸轮轴轴承盖螺栓；10—排气凸轮轴；11—进气凸轮轴；12,19,37—发动机提升托架；13,18,36—发动机提升托架螺栓；14,16—凸轮轴轴承下盖；15—缸盖芯孔塞；17—缸盖螺栓；20,34—缸盖螺栓；21—缸盖；22—缸盖螺塞；23—液压气门间隙调节器；24—液压气门间隙调节器臂；25—气门弹簧固定件；26—气门杆锁片；27—气门弹簧；28—气门杆油封；29—阀；30—蒸发排放炭罐吹洗泵螺栓；31—蒸发排放炭罐吹洗泵；32—缸盖衬垫；33—缸盖定位销；35—缸盖定位销；38—真空泵螺栓；39—真空泵；40—发动机机油压力传感器；41—发动机冷却液温度传感器

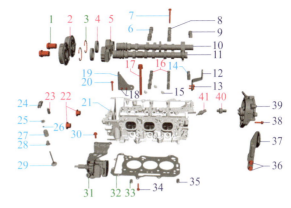

图4-2 发动机缸盖和部件

3. 发动机缸体和部件（图4-3）

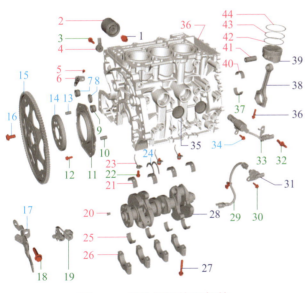

图4-3 发动机缸体和部件

1—机油滤清器双头螺栓；2—机油滤清器；3—爆震传感器螺栓；4—爆震传感器；5—曲轴位置传感器螺栓；6—曲轴位置传感器；7,9—发动机缸体孔塞；8—发动机缸体铸孔塞；10,13—变速器定位销；11—曲轴后油封壳体；12—曲轴后油封壳体螺栓；14—曲轴位置传感器磁阻环；15—自动变速器挠性盘；16—自动变速器挠性盘螺栓；17—机油压力开关托架；18—机油压力开关托架螺栓；19—发动机机油压力开关；20—自动变速器挠性盘螺栓；21—曲轴上轴承；22—活塞机油喷嘴螺栓；23—活塞机油喷嘴；24—曲轴止推轴承；25—曲轴下轴承；26—曲轴轴承盖；27—曲轴轴承盖螺栓；28—曲轴；29—机油泵流量控制电磁阀线束；30—机油泵流量控制电磁阀螺栓；31—机油泵流量控制电磁阀；32,34,37,39,41,43—活塞机油喷嘴机油控制电磁阀螺栓；33,38,42—活塞机油喷嘴机油控制电磁阀；35—发动机缸体铸孔塞；36—机油泵流量控制电磁阀；40—发动机缸体铸孔塞；44—发动机缸体铸孔塞

4. 进气歧管和部件（图4-4）

1—增压空气冷却器进气管螺栓；2—增压空气冷却器进气管；3—增压空气冷却器进气管卡箍；4—进气压力和温度传感器螺栓；5—进气压力和温度传感器；6—节气门体适配器；7—节气门体总成螺栓；8,10—节气门体衬垫；9—节气门体总成；11,15—进气歧管螺栓；12—进气压力和温度传感器；13—进气压力和温度传感器螺栓；14—进气歧管

图4-4　进气歧管和部件

5. 燃油导轨和部件（图4-5）

1—气门挺柱随动件；2—燃油泵；3—燃油泵螺栓；4—燃油泵隔垫；5—燃油供油中间管；6—燃油喷射燃油导轨隔声板；7—电缆扎带；8—燃油喷射线束；9—燃油喷射燃油导轨燃油压力传感器；10—燃油喷射燃油导轨；11—燃油喷射燃油导轨螺栓；12—喷油器固定件；13—备用环；14—O形圈；15—燃油喷射燃油导轨卡扣；16—喷油器；17,18—燃烧密封件

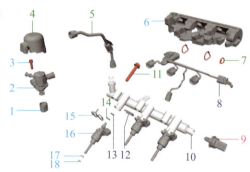

图4-5　燃油导轨和部件

6. 传动皮带和部件（图4-6）

扫一扫

视频精讲

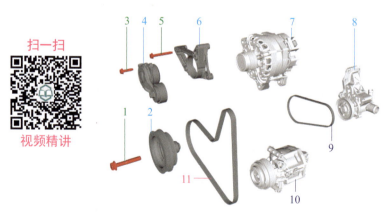

图4-6　传动皮带和部件

1—曲轴扭转减振器螺栓；2—曲轴扭转减振器；3—传动皮带张紧器螺栓；4—传动皮带张紧器；5—传动皮带惰轮托架螺栓；6—传动皮带惰轮托架；7—发电机；8—水泵；9—附件传动辅助皮带；10—空调压缩机；11—附件传动主皮带

7. 水泵和部件（图4-7）

1,6—水泵进口软管；2—水泵进口软管卡箍；3—水泵进口管；4—水泵进口管螺栓；5—水泵进口软管卡箍；7—废气再循环冷却器；8—废气再循环冷却器螺栓；9—废气再循环冷却器温度传感器；10—废气再循环冷却器出风管衬垫；11—废气再循环阀衬垫；12—发动机冷却液流量控制阀衬垫；13—发动机冷却液流量控制阀传感器；14—发动机冷却液流量控制阀传感器固定件；15—发动机冷却液流量控制阀螺栓；16—发动机冷却液流量控制阀；17—软管卡箍；18—发动机机油冷却器冷却液进口软管；19—废气再循环管衬垫；20,22—废气再循环管螺栓；21—废气再循环管；23—废气再循环管密封件；24—废气再循环冷却器温度传感器；25—发动机机油冷却器冷却液出口软管；26—软管卡箍；27—发动机机油冷却器；28—发动机机油冷却器螺栓；29—发动机机油冷却器衬垫；30—水泵定位销；31—水泵衬垫；32—水泵皮带；33—水泵

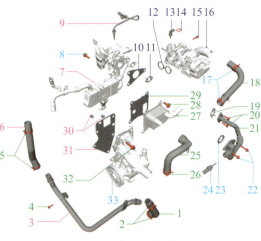

图4-7 水泵和部件

8. 正时链条和部件（图4-8）

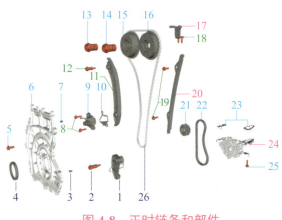

图4-8 正时链条和部件

1—机油泵传动链条紧固件；2—机油泵传动链条张紧器螺栓；3—发动机前盖定位销；4—曲轴前油封；5—发动机前盖螺栓；6—发动机前盖；7—发动机前盖定位销；8—正时链条张紧器螺栓；9—正时链条张紧器；10—正时链条张紧器衬垫；11—初级正时链条导板；12—初级正时链条导板螺栓；13,14—凸轮轴位置执行器螺栓；15,16—凸轮轴位置执行器；17—正时链条上导板；18—正时链条上导板螺栓；19—正时链条导板螺栓；20—次级正时链条导板；21—曲轴链轮；22—机油泵传动链条；23—机油泵衬垫；24—机油泵；25—机油泵螺栓；26—正时链条

9. 涡轮增压器和部件（图4-9）

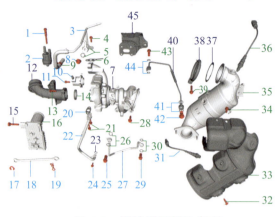

图4-9 涡轮增压器和部件

1—蒸发排放炭罐吹洗电磁阀螺栓；2—蒸发排放炭罐吹洗电磁阀；3—涡轮增压器冷却液回流管；4—涡轮增压器冷却液回流管螺栓；5—涡轮增压器冷却液回流管密封件；6—涡轮增压器冷却液回流管衬垫；7—涡轮增压器；8—涡轮增压器冷却液回流管紧固件；9—涡轮增压器冷却液回流管卡箍；10—增压空气旁通调节电磁阀；11—增压空气旁通调节电磁阀螺栓；12—涡轮增压器进气转接口；13—涡轮增压器进气转接口螺栓；14—涡轮增压器进气转接口密封件；15—涡轮增压器排气泄压阀执行器螺栓；16—涡轮增压器排气泄压阀执行器；17—涡轮增压器排气泄压阀执行器臂固定件；18—涡轮增压器排气泄压阀执行器臂；19—涡轮增压器排气泄压阀执行器臂固定件；20—涡轮增压器回油管衬垫；21—涡轮增压器回油管螺栓；22—涡轮增压器回油管；23—涡轮增压器回油管密封件；24—涡轮增压器回油管紧固件；25—涡轮增压器冷却液供液管螺栓；26，30—涡轮增压器冷却液供液管密封件；27—涡轮增压器冷却液供液管；28—涡轮增压器螺栓；29—涡轮增压器冷却液供液管紧固件；31—加热型氧传感器（传感器2）；32，34—催化转化器后隔热罩螺栓；33—催化转化器后隔热罩；35—催化转化器；36—加热型氧传感器（传感器1）；37—催化转化器衬垫；38—催化转化器卡箍；39—催化转化器卡箍螺栓；40—涡轮增压器供油管；41，44—涡轮增压器供油管密封环；42，43—涡轮增压器供油管螺栓；45—涡轮增压器隔热罩

10. 油底壳和部件（图4-10）

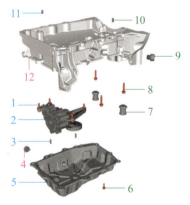

图4-10 油底壳和部件

1—机油泵螺栓；2—机油泵；3—下油底壳销；4—油底壳放油塞；5—下油底壳；6—下油底壳螺栓；7—上油底壳防尘盖；8—上油底壳螺栓；9—上油底壳塞；10，11—上油底壳销；12—上油底壳

11. 驱动轴（半轴）

如图4-11和图4-12所示，驱动轴是带有三销轴总成和等速万向节总成的刚性轴，一个整体式带滚柱轴承及轴承支座固定在发动机气缸体的后端，另一个整体式轴安装在左边，与差速器相连。三销轴总成有三个脚，带球状衬垫，以减少滑动阻力，中间轴和三销节在一起是一个总成，等速万向节总成是球笼形，以花键与中间轴连接，由一个钢丝挡圈固定。万向节内充满润滑油脂，并有橡胶护套保护。驱动轴还配有驱动轴减振圈。

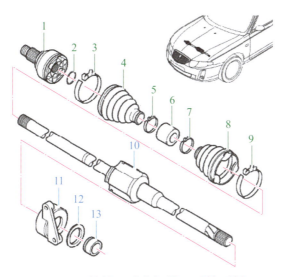

图 4-11　前轮驱动车辆的驱动轴（右）

1—右等速万向节总成；2—等速万向节右钢丝挡圈；3—卡箍（大）；4—等速万向节总成右护套；5—卡箍（小）；6—驱动轴右减振圈；7—卡箍（小）；8—三销轴总成右护套；9—卡箍（大）；10—右三销轴总成；11—轴承座；12—防尘罩；13—轴承

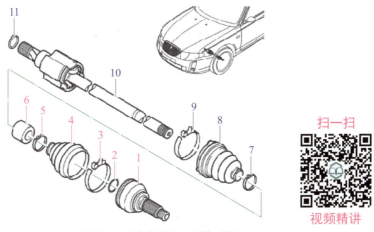

图 4-12　前轮驱动车辆的驱动轴（左）

1—左等速万向节总成；2—等速万向节左钢丝挡圈；3—卡箍（大）；4—等速万向节总成左护套；5—卡箍（小）；6—驱动轴左减振圈；7—卡箍（小）；8—三销轴总成左护套；9—卡箍（大）；10—左三销轴总成；11—弹性挡圈

12. 前悬架及拆解零部件

（1）前悬架布置及零部件位置　见图 4-13。

通过前横向稳定杆及 1∶1 的减振器传动比，使得前悬架的设计具有抗点头及抗下坐的特点。减振器的布置及设计使得由于侧向力而导致的车轮外倾角损失减少到最小,提高了操纵及转向反应能力。

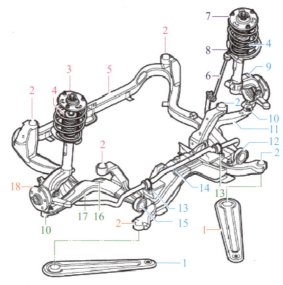

图 4-13　前悬架布置及零部件位置

1—前副车架支撑杆;2—前副车架橡胶衬套;3—左麦弗逊式前减振器总成;4—前减振器柱防尘罩;5—前副车架总成;6—前横向稳定杆连接杆;7—右麦弗逊式前减振器总成;8—螺母;9—右前轮毂总成;10—前下摆臂外球节;11—右前下摆臂总成;12—右前下摆臂衬套和支架总成;13—横向稳定杆衬套及夹;14—横向稳定杆;15—左前下摆臂衬套和支架总成;16—前下摆内球节;17—左前下摆臂总成;18—左前轮毂总成

(2)前减振器及零部件　2个麦弗逊式减振器控制了前悬架的减振效果。螺旋弹簧轴与减振器轴偏置,在转弯过程,这种布置能提供侧向载荷补偿,加强减振效果。

前减振器是双筒形结构,可以充气及加油。这种双筒形的结构允许减振器活塞在内筒内运动,在内筒上,内筒与外筒之间有一个卸油孔,这种结构使气穴现象减少到最小,并消除了因外筒损坏而影响活塞运动的结果。

前减振器及拆解零部件见图 4-14。每个减振器包含有一个减振单元、一螺旋弹簧及一个上安装支座总成。螺旋弹簧位于减振器弹簧座及上安装支座总成之间,保持在压缩状态。弹簧两端的隔振垫减少了自前悬架传递到车身的噪声。在上安装支座总成下面,安装有一个轴承,当转向系统工作时,该轴承可允许螺旋弹簧转动。在压缩行程限位缓冲块及减振器之间,安装有一个防尘罩,该防尘罩可保护减振器柱,以免其变脏或损坏。

(3)前悬架分解及零部件 如图4-15所示，前减振器下端连接在前轮毂上，并以锁紧螺栓固定。前减振器上的一个柄脚位于前轮毂上，以确保前减振器有正确的导向。

前减振器柱位于内镶钢板的橡胶衬套内，该橡胶衬套与上安装支座组合成一体，前减振器柱用螺母及垫圈紧固。在前减振器柱端有一个六角形的槽，当紧固前减振器柱固定螺母时，该六角形的槽可以用来限定前减振器柱，防止转动。前减振器柱在减振器内以一种低摩擦材料密封。

一定角度的弹簧座与减振器

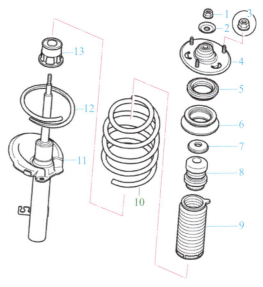

图4-14 前减振器及拆解零部件
1—螺母；2—前减振器回弹垫圈；3—螺母和垫圈组合件；4—前减振器上安装支座；5—轴承；6—前悬架弹簧上隔振垫；7—前减振器压缩行程缓冲块垫圈；8—前减振器压缩行程缓冲块；9—前减振器柱防尘罩；10—前减振器螺旋弹簧；11—前减振器柱总成；12—前悬架弹簧下隔振垫；13—前减振器冲击碗

做成一体，同时也可作为前横向稳定杆连接杆的连接安装点。靠近减振器底部，有一个焊接支架，该支架可用来装配前制动软管、ABS传感器线缆，在右减振器侧，装配制动块磨损传感器线束。

如图4-15所示，上安装支座总成由上安装支座、双层橡胶衬套及3个螺栓组成。橡胶衬套位于一个钢制罩壳内，该钢制罩壳被压入上安装支座内。在橡胶衬套圆周有钢制镶入物，以防止在紧固减振器柱上的锁紧螺母时，对其造成过度压缩。橡胶衬套的轴与上安装支座的轴并不一致，这就使其能与偏置的螺旋弹簧轴对齐。在

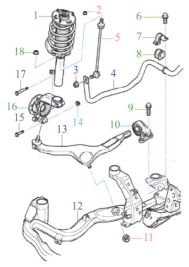

图4-15 前悬架分解及零部件（一侧）
1—麦弗逊式前减振器总成；2—螺母和垫圈组合件；3，11，14—螺母；4—前横向稳定杆总成；5—前横向稳定杆连接杆；6，9，15，17—螺栓；7—前横向稳定杆固定支架；8—前横向稳定杆衬套；10—前下摆臂衬套和支架总成；12—前副车架总成；13—前下摆臂总成；16—前轮毂总成；18—螺母和垫圈组合件

上安装支座的下面有3个凸耳，可供顶部轴承安装使用。

安装轴承与凸耳间为过盈配合。如果需要，轴承可以更换。衬套为不可修理件，当需要更换衬套时，必须同时更换一个新的上安装支座总成。

（4）摆臂　如图4-15所示，前下摆臂为"L"形、高强度、轻质锻铝件，它将前轮毂与前副车架连接起来。

前下摆臂有一个外球节，该球节上有一个并联的柄。该柄可以安装于前轮毂底部一个开口位置上，并被一个螺栓及锁紧螺母夹紧在合适的位置上。内球节也定位并装配于驱动轴的轴心附近，以最大可能减小因侧向载荷而导致的转向。内球节位于前副车架上的锥形座内，用锁紧螺母固定。内外球节为不可修理件，如果其中有一个需要更换，则要求更换一个完整的前下摆臂总成。

下摆臂后部有一个铸制的六角形体，该六角形体位于一个柔性衬套并与之相配的六角孔内。尼龙柔性衬套装配于前下摆臂衬套支架内，支架两个M14的螺栓安装在前副车架上。该支架的设计，可以允许在前方有撞击时，支架剪切，从而减少撞击载荷。在下摆臂六角形体的上平面上铸有一条线，该线可用于使柔性衬套定位于大致在正确的位置上，以有助于与前副车架之间的装配。

当悬架运动时，下摆臂以内球节为支点转动。悬架的直线运动被转换成下摆臂的旋转运动，该旋转运动的大小由后柔性衬套的径向刚度控制。

柔性衬套为不可修理件，如果需要更换，则必须更换前下摆臂衬套和支架总成。

（5）稳定杆　实心弹簧钢制作的前横向稳定杆横向通过稳定杆连接杆而工作，前横向稳定杆连接杆连接于前减振器柱的弹簧座上。前横向稳定杆直径为24mm。

前横向稳定杆用两个聚四氯乙烯（PTFE）衬套连接于前副车架的后部，PTFE衬套用螺栓及前横向稳定杆固定支架固定。PTFE衬套摩擦力低，不需要额外的润滑，并可使前横向稳定杆在静态下自由旋转，这使得前横向稳定杆对于翻转的输入反应迅速，且当发现常规衬套无压缩及扭转作用时，可允许使用刚度更大的衬套。位于前横向稳定杆上、每个衬套外侧的波纹垫圈可防止前横向稳定杆的侧向移动。前横向稳定杆的尾端，通过前横向稳定杆连接杆，连接于前减振器弹簧座上。这种布置，允许前横向稳定杆以与车轮行程成1∶1的比率动作，提供最大的横向稳定效能。

每个前横向稳定杆连接杆的端部都安装有球节，球节可提高反应的速度及效率。上球节安装在前横向稳定杆连接杆的轴心线上,并直接与前减振器弹簧座相连,用锁紧螺母固定。下球节与连接杆轴心线成90°安装在连接杆上,并与前横向稳定杆相连,用锁紧螺母固定。连接杆必须连接到前横向稳定杆的后部球节,并使锁紧螺母的锁紧面向前。前横向稳定杆连接杆上的球节为不可修理件,如果需要更换其中的任一球节,则必须更换新的前横向稳定杆连接杆总成。

13. 后悬架及拆解零部件

(1) 后悬架布置及零部件(图4-16) 后悬架通过纵臂具有抗提升控制的特点,通过横向的上、下摆臂可以控制适宜的车轮外倾角。紧凑的后悬架布置使得车辆可以有较低且较宽的后备厢地板,而且,后悬架与后备厢不干涉。

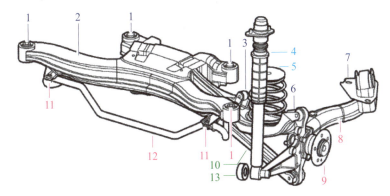

图4-16 后悬架布置及零部件

1—后副车架橡胶衬套;2—后副车架总成;3—后横向稳定杆连接杆;4—后减振器总成;5—后悬架弹簧总成;6—后上摆臂总成;7—后轮前束调整支架;8—纵臂总成;9—后轮毂总成;10—后下摆臂总成;11—后横向稳定杆衬套和支架;12—后横向稳定杆;13—后轴动力缓冲器

(2) 后悬架拆解及零部件(图4-17) 后副车架通过4个橡胶支承点与车身连接,并为所有后悬架部件提供安装位置,后副车架通过4个螺栓及4个安全垫圈固定。两个前橡胶支承点空置,以控制侧向力导致的转向,后两个橡胶支承点允许以低速率向前或向后方向位移,以隔离路面噪声。

❶ 后上摆臂。后上摆臂是由高强度钢制作、由手工装配而成的双壳型结构件,其上标有"L"或"R"的标记,以区分不同的装配位置。

在后上摆臂上有一个凹陷处,作为螺旋弹簧的装配点,同时有一个扁型孔,供弹簧下隔振垫安装。装配于其上的安装脚可供后横向稳定杆连接杆衬套装配用,该衬套用螺栓及锁紧螺母固定。

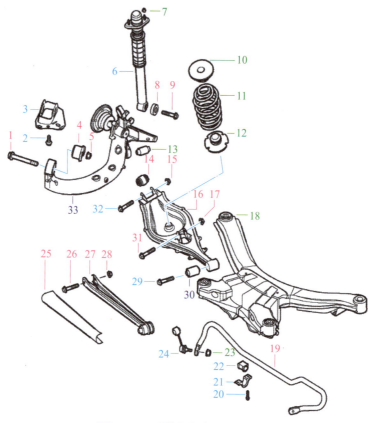

图 4-17 后悬架拆解及零部件

1,9,26,29,31,32—螺栓；2,20—螺钉；3—后轮前束调整支架；4—纵臂衬套；5,7,15,17,23,28—螺母；6—后减振器总成；8—后轴动力缓冲器；10—后悬架弹簧上隔振垫；11—后悬架弹簧；12—后悬架弹簧下隔振垫；13—纵臂衬套；14—纵臂连接球节；16—后上摆臂总成；18—后副车架总成；19—后横向稳定杆；21—后横向稳定杆固定支架；22—后横向稳定杆衬套；24—后横向稳定杆连接杆；25—后下摆臂护板；27—后总成下摆臂；30—后上摆臂衬套；33—纵臂总成

后上摆臂的内安装点通过一个衬套与装配于后副车架上的安装点连接，并且被一个螺栓及固定在后副车架上的螺母所固定。

后上摆臂的外安装点与配有衬套的纵臂连接，并被一个螺栓及锁紧螺母固定。

❷ 后下摆臂。后下摆臂由高强度钢制造，具有双"C"形截面，后下摆臂上无手工装配部件。其内安装点安装时配有一个不可修理的衬套，该衬套位于装配在后副车架上的支架内，并且被一个螺栓及固定在后副车架上的螺母所固定。后下摆臂的外安装点与配有衬套的纵臂连接，并被一个螺栓及

锁紧螺母固定。

在后下摆臂的侧面有一个冲压的方向箭头标记，在装配时应注意确保后下摆臂侧面的方向箭头指向上方，如果装配不正确，则后下摆臂会和后横向稳定杆连接杆接触，导致这两个部件的损坏。

在每个后下摆臂向前的边缘上，有一个手工装配的塑料护罩，该护罩保护后下摆臂免受石击而损坏。在该护罩上有一个切口，供后横向稳定杆连接杆装配用，因此，首先要使护罩以正确的方位装配。

❸ 纵臂。纵臂是一个壁厚为 5mm 的空心球墨铸铁件。纵臂可控制车辆前束，防止车辆制动发飘，可使车辆有较低的侧翻中心，并能提供适宜的车轮外倾角补偿。

纵臂上有两个铸造安装脚，可供后制动钳安装用。在纵臂上压装有一个不可修理的、机加工而成的轮毂心轴，该心轴可供后轮毂及后轮毂轴承定位，后轮毂轴承用一个螺母及可翻边定位的垫圈固定。在纵臂下侧的一个机加工孔内压装有一个球形衬套，供后下摆臂连接用。在纵臂顶部的一个机加工孔内，压装有一空心球形衬套，供后上摆臂连接用。在纵臂后部的延长部分，有一个螺纹孔，在该孔内有用螺栓固定的减振器，减振器下安装衬套。

在纵臂前端装配有一个柔性衬套，该柔性衬套用于控制因侧向力而导致的转向，并能提高乘座舒适性，降低噪声等级。该衬套位于一个机加工的前束调整支架内，该支架用 3 个螺栓固定在车身上。该支架上螺栓连接孔上的开槽可以进行前束调整。在纵臂上铸有一道刻线及一个箭头，标明柔性衬套正确的安装方位，柔性衬套的安装方位对于确保衬套与前束调整支架之间正确的结合非常重要。

❹ 横向稳定杆及横向稳定杆连接杆

a. 横向稳定杆用两个聚四氯乙烯（PTFE）衬套连接于副车架的后部，PTFE 衬套用螺栓及夹板固定。

b. 后横向稳定杆的各端通过手工装配的后横向稳定杆连接杆而与后上摆臂连接，后横向稳定杆连接杆上标有"L"或"R"的标记，以区分不同的安装位置。

c. 每个后横向稳定杆连接杆以球节连接方式与后横向稳定杆连接，以衬套连接方式与后上摆臂连接。球节与衬套连接方式可以提高对车辆侧翻的反应及效率。每个连接杆与后横向稳定杆连接时，必须使得球节位于后横向稳定杆安装面的外侧，而螺母位于内侧。

14. 后减振器及零部件（图4-18）

（1）螺旋弹簧　用铬钢制造的螺旋弹簧安装于车身及后上摆臂之间，每个弹簧都安装在上下弹簧隔振垫之间，弹簧隔振垫可减少自悬架传递到车身的噪声，每个隔振垫都与弹簧直接相连。

下隔振垫安装在后上摆臂上的一个扁型孔内，拆卸时，必须先将其旋转90°，然后从扁型孔内拔出。下隔振垫内的切孔是供排水用的，装配时，必须与后上摆臂上相应的孔对齐。

（2）后减振器

❶ 每种不同车型的后减振器都是通用的，且后减振器为不可修理件。后减振器具有130mm的压缩向下行程和70mm回弹减振行程作用。后减振器为双筒型结构，可以充气及加油。这种双筒型的结构允许减振器活塞在带有油孔的内筒内运行，该油孔介于内筒与外筒之间，这种结构使气穴现象减少到最小，并消除了因外筒损坏而影响活塞运行的结果。

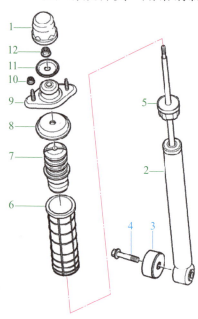

图4-18　后减振器及零部件

1—后减振器防冲帽；2—后减振器柱总成；3—后轴动力缓冲器；4—螺栓；5—后减振器内防尘罩；6—后件振器柱防尘罩；7—后减振器压缩行程缓冲块；8—后减振器压缩行程限位盘；9—后减振器顶部安装支座总成；10,12—螺母；11—后减振器回弹限盘

❷ 后减振器下部安装了一个不可修理的衬套，该衬套用螺栓连接在纵臂的延伸杆上。后减振器柱位于上安装支座内的衬套内，并用一个锁紧螺母与回弹限盘固定在一起。上安装支座用两个固定于其上的双头螺栓及锁紧螺母与车身连接。

❸ 回弹限盘安装在后减振器柱锁紧螺母与上安装支座之间，当后减振器柱到达上极限位置时，回弹限盘缓和其所受的力。压缩行程限位缓冲块垫圈及压缩行程限位缓冲块安装在后减振器柱上，当压缩行程到达其最大行程时，减缓减振器的工作。防冲帽安装在后减振器体顶部，当压缩行程到达其最大行程时，该防冲帽保护后减振器柱上的低摩擦密封装置免受压缩行程限位缓冲块的损坏。一个软橡胶防尘罩保护后减振器柱，以免其变脏或受损坏。

15. 转向机构

（1）转向管柱及拆解零部件　很多车的转向管柱是可折叠的机构，在车辆遭遇严重撞击时，考虑到发动机和转向系统部件位置的移动。转向管柱上部可向远离驾驶员的方向滑动，而下部则可伸缩。转向管柱及拆解零部件见图4-19。

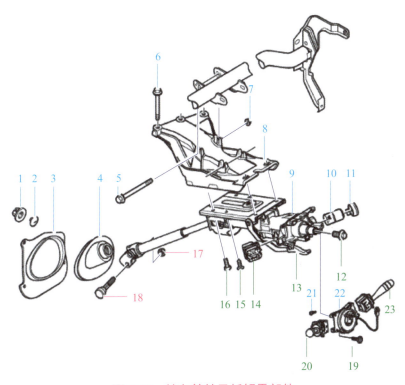

图 4-19　转向管柱及拆解零部件

1—嵌钉；2—饰钉；3—转向柱密封盖；4—转向柱防尘罩；5、6、16、18—螺栓；7—螺母；8—转向管柱支架；9—转向管柱总成；10—转向柱锁芯；11—识别线圈；12—螺柱垫圈组合件；13—转向管柱调整解锁手柄；14—点火开关；15、21—螺钉；17—自锁螺母；19—自攻螺钉；20—转向/远光拨杆开关总成；22—旋转耦合器；23—刮水/洗涤拨杆开关总成

转向管柱安装在一个单件式铸铝支架上，该支架与车身及仪表板梁连接。转向盘高度及倾斜度，在每个平面内都有50mm的调节量。为使倾斜度调节变得轻松，在每个调整终点处，都有一个平衡弹簧及限位衬垫。在转向管柱与前围隔板之间，有一个双壁式密封护圈。

（2）液压动力转向机拆解及零部件　动力转向机从一个锁止位置到另

一个锁止位置需转 2.86 转，橡胶波纹管护罩罩住转向齿轮齿条的运动区域。转向横拉杆一端装配在带螺纹的转向机上，并以锁紧螺母固定，可以起到转向系统对正的调整作用。转向横拉杆另一端都用锁紧螺母固定在前轮毂处延伸出来的转向臂上。

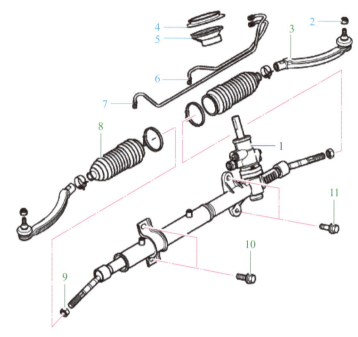

图 4-20　液压动力转向机拆解及零部件（一）
1—动力转向机总成；2，9—螺母；3—转向横拉杆球节；4—护圈；5—密封圈；
6，7—供油管；8—波纹护罩；10，11—螺栓

❶ 液压动力转向机。如图 4-20 所示，动力转向机安装在位于前副车架后横梁之下的一个合适的位置上。由于动力转向机的安装点与悬架转动支点都是由精确机加工而成的刚性前副车架确定的，故在任何时候，都能保持转向齿轮齿条机构与悬架之间相对的设计几何尺寸关系。动力转向机由四个螺栓固定，其中两个穿过紧固动力转向机管的压板，另两颗穿过处于转向阀单元一端的与动力转向机管一体的固定脚。一个带螺栓及螺母的"双 D 形"机构将转向管柱固定在动力转向上。

❷ 如图 4-21 所示，液压动力转向系统主要包括：一个两截式并可折叠的转向管柱，一个助力转向机，一个动力转向油泵，一个压力传感器（汽油型），一个动力转向储油罐，转向油冷却器及转向油硬管和软管。

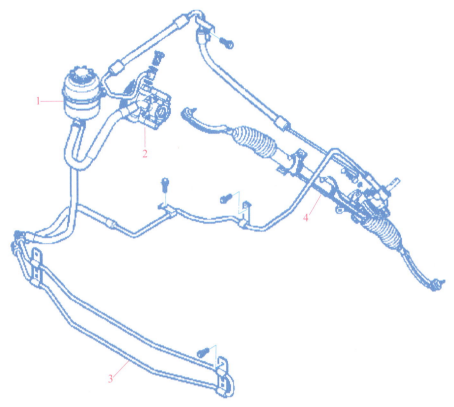

图 4-21　液压动力转向机拆解及零部件（二）

1—动力转向储油罐总成；2—动力转向油泵；3—转向油冷却器总成；4—动力转向机总成

16. 认识制动系统零部件

（1）制动系统布局及零部件　制动系统包括前盘式制动装置及后盘式制动装置，前、后盘式制动由带真空助力装置的双回路液压制动系统按对角方式分别控制。现在很多车型上，制动系统还带有防抱死（ABS）、电子制动力分配（EBD）、制动衬块磨损传感装置和电子牵引力控制（TCS）作为标准配置。制动系统布局及零部件见图 4-22。

（2）盘式制动器拆解及零部件　见图 4-23。

每个前制动器由一个安装在轮毂上的单活塞和滑行制动钳总成及一个带通风装置的制动盘组成。制动盘的内侧由一个护板保护。在右制动器上，一个制动衬块磨损传感器连接在制动衬块内侧，并通过电线与后制动衬块磨损传感器串联在一起。传感器连接导线的接头位于发动机舱的内挡泥板上。

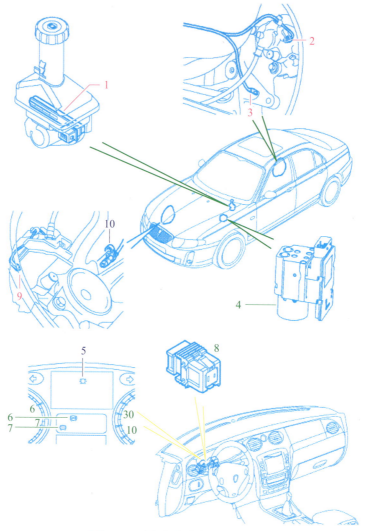

图 4-22 制动系统布局及零部件

1—制动液液面开关；2—后制动块磨损传感器总成；3—后 ABS 传感器总成；4—ABS 泵；5—后制动块磨损警示灯；6—ABS 警示灯；7—制动系统/手制动/EBD 警示灯；8—制动灯开关总成；9—前制动块磨损传感器总成；10—前 ABS 传感器总成

当液压压力传递到制动钳时，活塞向外伸展，迫使内制动衬块压靠在制动盘上。制动钳壳体受到反作用力，沿导向销滑行，带动外制动衬块与制动盘接触。如果制动衬块磨损得足够严重，则右侧制动盘的磨损通过制动衬块磨损传感器，使磨损传感器连接导线断开电路，从而使仪表板上的制动衬块磨损警示灯变亮。

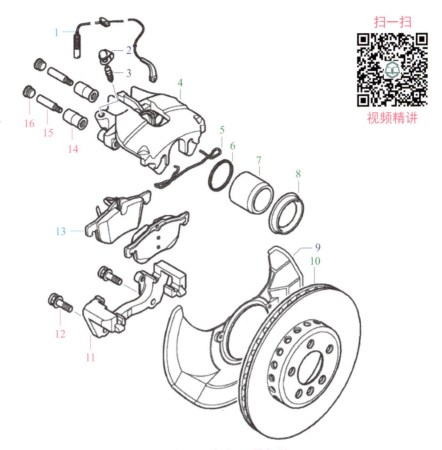

图 4-23　盘式制动器拆解及零部件

1—前制动衬块磨损传感器总成；2—螺钉帽；3—排空螺钉；4—前制动钳壳体；5—前制动钳止动弹簧；6—前制动钳活塞密封；7—前制动钳活塞；8—活塞防尘罩；9—前制动盘护板；10—前制动通风盘；11—前制动钳支架；12—螺栓；13—前制动衬块；14—前制动钳导销衬套；15—前制动钳导销；16—前制动钳导销饰盖

（3）手制动装置零部件（图 4-24）

❶ 手制动含有一个鼓式制动器，该鼓式制动器与主制动器的后制动盘组合成一体，由连接在位于前排座位间的手制动拉杆总成上的拉索控制。

❷ 手制动拉杆总成安装在中央通道上。在该系统中安装一个传统的棘齿机构及一个由拇指操纵的释放按钮，用以锁止及释放手制动拉杆总成。在手制动操纵杆总成上安装一个报警开关，控制位于组合仪表上的手制动警示灯。当实施手制动时，报警开关将一根地线连接到组合仪表上，如果点火开关开启，则该地线使制动警示灯发亮。每次点火开关开启后，组合仪表都会对制动警示灯的灯泡实施一次检查。

（4）制动系统电子控制零部件（图4-25） ABS是主动型传感器（即它们接收来自ABS调节器的电源供给），它们将车轮速度信号传送给ABS控制单元。传感器安装在每个前轮的轮毂内及每个后悬架的纵臂内，非常靠近每个相关的车轮轴承内侧的密封装置。与车轮一起旋转的密封装置含有一个带48对磁极的磁性元件，当车轮旋转时，密封装置内的磁极在ABS传感器内产生电压波动，该电压波动被转换成方波信号，并被输出到ABS控制单元。信号的频率与车轮的速度成比例。实际使用时，每个ABS传感器都有一个位于发动机舱内或后备厢内的连接导线，将其与整车线束连接。

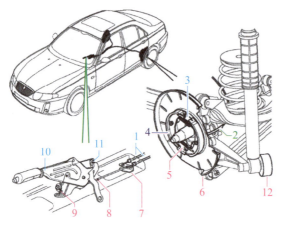

图4-24 手制动装置零部件

1—手制动后拉索总成；2—手制动后拉索护管；3—手制动调节装置；4—后制动蹄片；5—后制动毂张紧装置；6—后制动护板总成；7—手制动拉索张紧装置；8—手制动前拉索；9—手制动调整螺母；10—手制动拉杆总成；11—手制动警示开关；12—后轴动力缓冲器

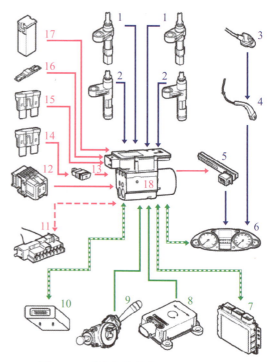

1—前ABS传感器；2—后ABS传感器；3—后制动衬块磨损传感器；4—前制动衬块磨损传感器；5—制动液液面开关；6—组合仪表；7—发动机控制模块（ECM）；8—偏航传感器；9—转角传感器；10—自动变速器ECU；11—诊断连接器；12—制动灯开关；13—牵引力控制开关；14—牵引力控制开关熔丝-乘客舱熔丝盒；15—点火电源熔丝-乘客舱熔丝盒；16，17—蓄电池电源熔丝-发动机舱熔丝盒；18—ABS泵（调节器/控制单元）

图4-25 制动系统电子控制零部件

17. 后轮盘式制动片的更换

（1）拆卸后轮制动片　后轮盘式制动器装配见图 4-26。

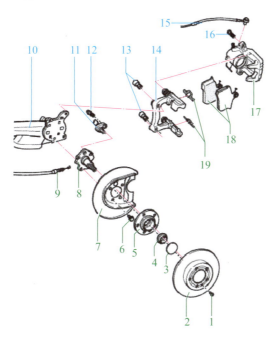

图 4-26　后轮盘式制动器装配

1—TORX 螺栓；2—制动盘；3—护盖；4—十二角自锁螺母；5—带车轮轴承和齿圈的轮毂；6—六角螺栓；7—盖板；8—轮毂轴；9—手制动拉索；10—后桥；11—ABS 转速传感器；12、13—内六角螺栓；14—带导向销和防尘盖的制动钳支架；15—制动管；16—自锁六角螺栓；17—制动钳壳体；18—制动摩擦片；19—摩擦片定位弹簧

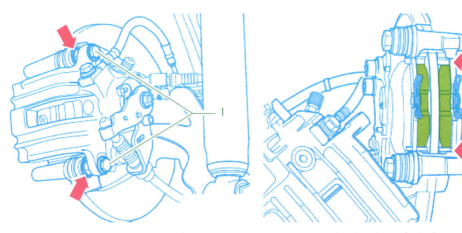

图 4-27　拆装后制动摩擦片（一）　　图 4-28　拆装后制动摩擦片（二）

❶ 拆下车轮。
❷ 从制动钳壳体上拧下固定螺栓 1 时,应固定住导向销(图 4-27)。
❸ 拆下制动钳壳体并用金属线固定,以免其重力压迫或损坏制动管。
❹ 拆下制动摩擦片和定位弹簧(图 4-28)。

(2)安装后轮制动片(图 4-29)

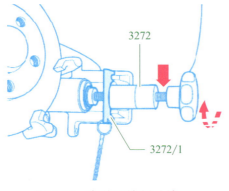

图 4-29　安装后轮制动片

❶ 顺时针沿箭头方向旋转调整和拆卸工具 3272 的滚花轮并拧入活塞。

　　a. 若活塞移动困难,用开口扳手钳住平台(箭头),旋转拧入活塞。

　　b. 不能用活塞调整工具将活塞推回,否则制动钳自动调整功能将被破坏。

❷ 将制动摩擦片和制动摩擦片定位弹簧(箭头位置)插入制动钳。

❸ 撕下外侧制动摩擦片背面保护膜。
❹ 用新的自锁螺栓固定好制动钳。
❺ 调整手制动;安装车轮。

18. 更换后轮轴承

(1)拆卸后轮轴承

❶ 压出防尘盖:轻轻敲打鼓盖拔出器 VW 637/2 的卡爪,将防尘盖从其固定位置松开(图 4-30 和图 4-31)。

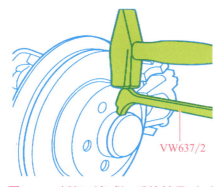

图 4-30　拆卸(盘式)后轮轴承(一)

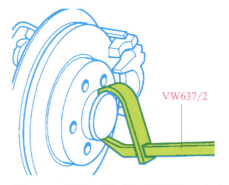

图 4-31　拆卸(盘式)后轮轴承(二)

❷ 旋出螺栓，应用扳手固定住导向销。

❸ 拆下制动钳壳体并用金属线将其固定在车身上，以免其重力压迫或损坏制动软管。拆下制动盘。

❹ 拉出车轮轴承/轮毂：旋出十二角自锁螺母。用拉力器拉出车轮轴承（图 4-32）。

❺ 从轮毂轴上拉下轴承内圈（图 4-33）。

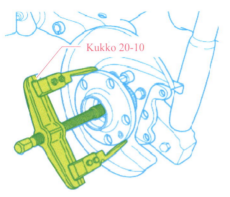

图 4-32　拆卸（盘式）后轮轴承（三）　　图 4-33　拆卸（盘式）后轮轴承（四）

（2）后轮轴承安装

❶ 尽可能将车轮轴承/轮毂装到轮毂轴上。

❷ 装好专用工具 3420，将车轮轴承/轮毂压到止点位置，然后拆下专用工具。

❸ 使用新十二角自锁螺母，将螺母拧到止位，将力矩拧到 175N·m。

❹ 压入防尘盖。

❺ 进一步安装工作与拆卸顺序相反。

19. 更换转向拉杆球头

（1）转向拉杆球头拆卸　拆卸转向拉杆球头最恰当的方式就是使用专用工具（图 4-34）辅助拆卸。实际证明，使用专用工具比使用锤子敲击拉杆球头更便捷，且更安全。

最常见的转向拉杆球头拆卸程序如下。

❶ 拆卸车轮。

❷ 标记内转向横拉杆上的螺纹，以便重新定位调整螺母。

❸ 拆卸转向横拉杆球头螺母并用专用工具从转向节上断开转向横拉杆球头。

❹ 松开转向横拉杆球头调整螺母，通过转动从内转向横拉杆上拆下转向横拉杆球头。

（2）安装程序

❶ 对准内转向横拉杆上的标记，将调整螺母重新定位（图 4-35）。

❷ 通过转动将转向横拉杆球头安装到内转向横拉杆上。

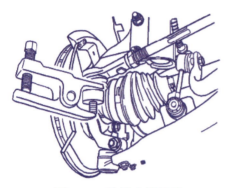

图 4-34　使用专用工具

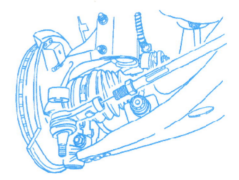

图 4-35　球头对准内转向横拉杆进行安装

❸ 安装调节螺母。紧固：紧固外调节螺母至 62N·m。

❹ 安装新的转向横拉杆球头螺母。紧固：紧固转向横拉杆球头螺母至 30N·m 再加 120°。

20. 转向机护套的更换

（1）拆卸程序

❶ 拆下转向传动机构外转向横拉杆。

❷ 同拆下转向传动机构内转向横拉杆螺母 1（图 4-36）。

❸ 拆下转向机外护套卡箍 2（图 4-36）。

图 4-36　拆下螺母和卡箍

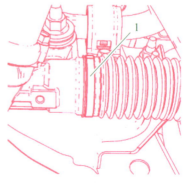

图 4-37　拆卸护套

❹ 松开转向机内护套卡箍 1（图 4-37）。

拆下转向机护套后，检查转向传动机构内转向横拉杆是否有明显的腐蚀或污染。如果无明显状况，则继续修理；如果有明显的腐蚀或污染，则更换内转向横拉杆。

❺ 拆下转向机内护套卡箍（图 4-38）。

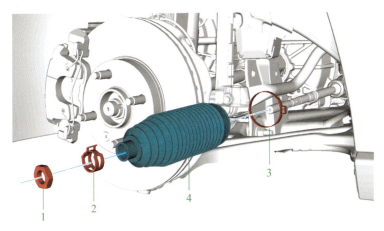

图 4-38　拆卸转向机套和卡箍
1—锁紧螺母；2，3—卡箍；4—转向机套

（2）安装程序
❶ 将一个新的卡箍松松地安装在转向机护套的内侧。
❷ 将维修组件内的润滑脂涂到标识位置。
注意，转向机护套必须就位于转向机相应的凹槽内。
❸ 将转向机护套穿过转向传动机构内转向横拉杆安装在转向机上。
❹ 使用专用钳子压接转向机内护套卡箍。
❺ 安装转向机外护套卡箍。
❻ 安装转向传动机构内转向横拉杆螺母。
❼ 安装转向传动机构外转向横拉杆。

21. 转向拉杆的拆装

❶ 将转向横拉杆接头从齿条接头上拆下。将接头螺塞从转向器壳体上拆下，然后将自锁螺母从齿轮轴端拆下。

拆下防尘罩箍带和转向横拉杆卡子 A 和 B（图 4-39），将防尘罩从转向器接头处拉下。

❷ 用圆形卡夹和木块固定转向器壳体，不要将转向器壳体的油缸部分夹在台钳中。

拆卸转向拉杆见图 4-40。用扳手固定转向齿条 B 的平面部分 A，并用另一个扳手拧下齿条的两个接头 C。小心不要让扳手损坏齿条表面。拆下锁止垫圈 D 和橡胶挡块 E。

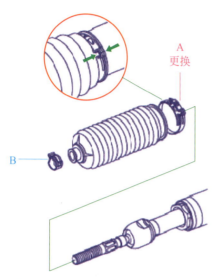

图 4-39　转向器分解图拆卸防尘套

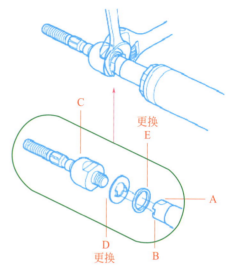

图 4-40　拆卸转向拉杆

22. 拆卸减振柱

（1）拆卸前减振器

❶ 如图 4-41 所示，拆卸 3 个把前减振器总成固定到车身上的螺母。

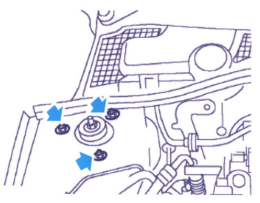

图 4-41　拆卸前减振器（一）

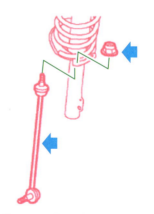

图 4-42　拆卸前减振器（二）

❷ 拆下前减振器及弹簧总成。

❸ 如图 4-42 所示，拆下把前横向稳定杆连接杆固定到前减振器总成上的螺母并取下前横向稳定杆连接杆。

❹ 如图 4-43 所示，标记和注明前减振器上部安装支座和前减振器弹簧安装支座排水孔的相对位置。

按如图 4-44 所示，把弹簧压缩器（专用工具 T32016 和 T32017）固定到前减振器弹簧上。保证弹簧压缩器 T32016 的卡脚准确定位。

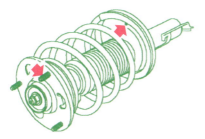

图 4-43　拆卸前减振器（三）

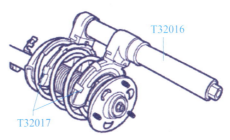

图 4-44　拆卸前减振器（四）

> **注意**
>
> 确保弹簧压缩器卡脚保护套的状态完好并安装正确。如果卡脚保护套损坏则不能使用此弹簧压缩器，应更换卡脚保护套。

压缩前减振器螺旋弹簧。

> **警告**
>
> 要当心压缩状态下的弹簧，突然或意外地松开可能会导致对人身的受伤。

❺ 用内六角扳手卡住前减振器柱顶部，拆下柱顶部螺母并废弃。

❻ 拆下前减振器回弹垫圈和前减振器上安装支座总成。

❼ 从前减振器柱上拆下前减振器螺旋弹簧。

❽ 拆下前减振器压缩行程缓冲块垫圈、前减振器压缩行程缓冲块和前减振器防尘罩。

❾ 释放前减振器螺旋弹簧的弹力，从弹簧压缩器上松开卡脚并取下前

减振器螺旋弹簧。

（2）安装前减振器

❶ 检查前减振器柱、弹簧上下隔振垫和前减振器的轴承有无裂痕及损坏。

❷ 检查前减振器防尘罩和前减振器压缩行程缓冲块有无老化或损坏的痕迹。

❸ 清洁前减振器柱和前减振器压缩行程缓冲块垫圈。

❹ 安装前减振器压缩行程缓冲块、前减振器压缩行程缓冲块垫圈和前减振器柱防尘罩到前减振器总成上。

❺ 确保前减振器压缩行程缓冲块和前减振器压缩行程缓冲块垫圈正确定位在前减振器器柱防尘罩上。

❻ 安装前减振器螺旋弹簧到前减振器柱上。

❼ 定位弹簧压缩器到前减振器上，使用工具 T32016 和 T32017 压缩弹簧。

❽ 确保正确的安装相对位置，安装前减振器上安装支座和前减振器弹簧隔振垫到前减振器轴上。

❾ 安装前减振器回弹垫圈和新螺母。

❿ 用内六角形扳手卡住前减振器柱并拧紧螺母到 30N·m。

⓫ 释放弹簧的弹力，松开弹簧压缩器的卡脚并取下弹簧压缩器。

⓬ 清洁前横向稳定杆连接杆并安装到前减振器总成上，安装螺母并拧紧到 50～65N·m，使用开口扳手卡住前横向稳定杆连接杆以防止前横向稳定杆连接杆球节的转动。

⓭ 清洁前减振器及弹簧总成和车身的结合处。

⓮ 把前减振器及弹簧总成定位到车身上，装上螺母并拧紧到 19～25N·m。

⓯ 把前轮毂安装到前减振器总成上。

⓰ 取下前下摆臂外球节保护器并检查球节护套有无损坏。

⓱ 清洁外球节和前轮毂的结合处。

⓲ 连接前下摆臂外球节到前轮毂上，安装螺栓和螺母并拧紧到 40～50N·m。

⓳ 确保下摆臂外球节完全安装到前轮毂上，螺栓也装进前下摆臂外球节的凹槽中。

⓴ 清洁前横向稳定杆连接杆的连接处，并固定到前横向稳定杆上，拧紧螺母到 60～70N·m。用开口扳手卡住前横向稳定杆连接杆，以防止前横向稳定杆连接杆球节转动。

㉑ 确保前横向稳定杆连接杆正确地连接到前横向稳定杆上。

㉒ 把前减振器总成安装到前轮毂上，装上螺栓并拧紧螺母到 90～110N·m。

㉓ 清洁转向横拉杆球节和护套。

㉔ 把转向横拉杆球节装到转向臂上，安装并拧紧锁止螺母到 28～32N·m。

㉕ 安装前制动软管和前轮 ABS 传感器线束到前减振器柱支架上。

㉖ 针对右边：固定前制动衬块磨损传感器线束到前减振器柱支架上。

㉗ 装上车轮。必要的检查，确保安装到位。路试车辆。

23. 拆装皮带轮

（1）拆装动力转向泵皮带轮

❶ 拆卸动力转向泵皮带轮（图 4-45）。

a. 把扳手装到皮带张紧器的六角上，顺时针充分转动以松开动力转向泵驱动皮带上的张紧度。

b. 为了把张紧器保持在这一位置，用一个直径不超过 3mm 的销子，穿过六角的中心固定在张紧器的背板上。然后取下动力转向泵驱动皮带。

❷ 安装动力转向泵皮带轮。

a. 确保动力转向泵驱动皮带是干净的，而且没有损坏。

b. 装上动力转向泵驱动皮带，确保皮带正确地定位在皮带轮的槽中。

c. 把扳手装到皮带张紧器的六角上，顺时针转动扳手，取下保持张紧器的销子，使张紧器皮带轮压在动力转向泵驱动皮带上。

（2）拆卸和安装自动张紧器（图 4-46）

❶ 拆下辅助传动带（发电机/转向动力泵皮带自动张紧轮）。

图 4-45　拆卸动力转向泵皮带轮

图 4-46　拆卸和安装自动张紧器

❷ 拆下辅助传动带自动张紧轮总成。

❸ 安装传动带自动张紧轮总成，拧紧螺栓到25N·m。

❹ 装上辅助传动带。

24. 更换发电机

发电机在发动机上的布局见图4-47。

（1）拆卸发电机

❶ 拆下发动机总成盖；断开蓄电池的接地端。

❷ 拆下辅助传动皮带。

a. 松开接线端盖，拿开把发动机线束固定到发电机上的螺母，松开拉索并放到旁边（图4-48）。

b. 断开发电机连接器的连接。

c. 拆卸并取下开2个固定发电机的螺栓（图4-49），取出发电机。

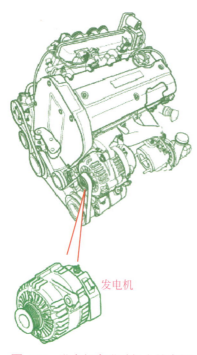

图4-47 发电机在发动机上的布局

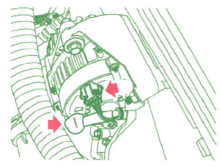

图4-48 断开发电机线束

图4-49 拆下发电机固定螺栓

扫一扫

视频精讲

（2）安装发电机

❶ 定位发电机，装上螺栓，把M8螺栓拧紧到25N·m，把M10螺栓拧紧到45N·m。

❷ 连接发电机连接器。

❸ 把发动机线束固定到发电机上，装上螺母并拧紧至10N·m。

④ 装上发动机总成盖。
⑤ 装上辅助传动皮带。
⑥ 连上蓄电池的接地端。

25. 更换起动机

（1）拆卸起动机

① 断开蓄电池的接地端。

② 从起动机电磁线圈上断开 Lucar 的连接，见图 4-50 中的箭头 1。

③ 拧下螺母并从起动机电磁线圈上断开蓄电池导线的连接，见图 4-50 中的箭头 2。

④ 拧下 2 个固定起动机的螺栓并拆下起动机，见图 4-50 中的箭头 3。

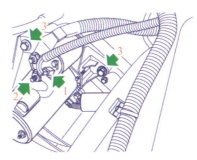

图 4-50　拆卸起动机

（2）安装起动机

① 清洁起动机和变速器的结合面。清洁销子和销孔。
② 装上起动机，装上并拧紧螺栓至 45N·m。
③ 把蓄电池线束固定到起动机电磁线圈上，并拧紧螺母至 10N·m。
④ 把 Lucar 连接到电磁线圈上。
⑤ 连上蓄电池的接地端。

二、发动机拆解

1. 拆下发动机总成

确保举升机有足够的负重能力。保证举升机在提举和支撑工作时处于水平位置，使用手制动和楔子来固定车轮。

不要在只靠一个千斤顶支撑的车顶或底部工作，必须把车支撑在举升机上。

从车上拆下发动机是个比较复杂的作业工程，涉及很多附属零部件被拆卸。首先要拆卸相关油液管路、电气连接件、机械连接件等；最后移出发动机。操作要点如下。

① 断开蓄电池的接地端。
② 排空冷却系统。

> **维修提示**
>
> 为了避免给电子元件带来损害，运行电子系统时要先断开蓄电池连接。首先断开且最后接上接地电线。总确保蓄电池导线连接正确，不能存在潜在隐患。

❸ 给燃油系统泄压。
❹ 将冷却液软管从加热装置热交换器上拆下（图4-51）。

图 4-51　断开连接管路

❺ 松开夹子并从散热器上断开顶部软管的连接。从散热器的保持支架上松开软管。
❻ 拿开把顶部软管保持支架固定到散热器上的螺栓并拿开支架。
❼ 拧下螺母并从起动机电机上断开蓄电池导线的连接。
　a. 从起动机上断开接头。
　b. 拿开固定发动机接地导线的起动机电机螺栓并把导线移到旁边。
　c. 如果熔丝盒在发动机罩下，拿开螺栓并从发动机罩下面的熔丝盒上断开蓄电池导线的连接，从发动机罩下熔丝盒上断开连接器的连接。
❽ 从主线束连接器上断开变速器线束的连接。
❾ 放松夹子并从燃油导轨上断开软管的连接。
❿ 放松夹子并从冷却液导轨上断开软管的连接。
⓫ 放松夹子并从膨胀箱软管上断开加热器软管。
⓬ 拆卸起动机。
⓭ 如有的车辆的发电机或者皮带等会影响拆卸作业，则拆卸影响发动机整体卸出的周围附件。
⓮ 拆卸把发动机下后系杆固定到油底壳和副车架上的螺栓，拿开下后系杆。
⓯ 拆卸把换挡杆固定到变速器上换挡轴的螺母并从换挡轴上松开变速杆。
⓰ 将转向拉杆从球头侧拆下。
⓱ 如图4-52所示，使用专用工具从变速器上松开左内驱动轴接头。

往外拉前毂并从变速器上拿开驱动轴和中间轴，把轴放平直，以防止对变速器内的油封造成损害。

⑱ 如图 4-53 所示，使用举升机并把可调举升支架连到发动机上。

注意，此时提升举升机提起发动机的重量，而不是把负荷转移到安装点上。

图 4-52　拆卸驱动轴（半轴）

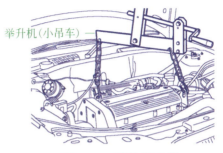

图 4-53　吊住发动机

⑲ 拆卸发动机支架螺栓（图 4-54）。拆下固定发动机托架的螺母或螺栓并拿开支座。拆卸变速器上的固定支座螺栓（图 4-55）。再次检查附件都已断开连接，从车上移出发动机总成。

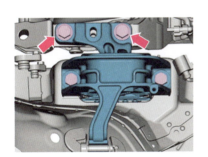

图 4-54　拆卸发动机支架螺栓

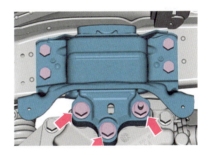

图 4-55　拆卸变速器上的固定支座螺栓

2. 就车拆下气缸盖

（1）拆卸电气连接件

❶ 拆卸燃油泵熔丝。启动发动机。在发动机熄火后，转动曲轴 10s，以释放燃油系统中的燃油压力。

❷ 断开蓄电池负极电缆。

如图 4-56 所示拆下点火线圈。

拆下连接件及插头（图 4-57），拆卸出水法兰或水管。

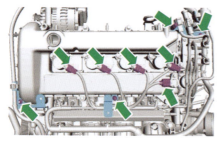
图4-56 拆下点火线圈

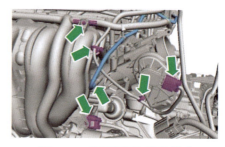
图4-57 拆下连接件及插头

(2) 拆卸进气歧管

❶ 从进气歧管上断开蒸发排放炭罐清污电磁阀并松开托架螺栓。

❷ 断开进气歧管空气温度传感器连接器。

❸ 从节气门体上断开进气管。

❹ 断开怠速空气控制阀连接器。

❺ 断开节气门位置传感器连接器。

❻ 断开歧管绝对压力传感器连接器。

❼ 从节气门体上断开冷却液软管。

❽ 断开所有必要的真空软管,包括燃油压力调节器上的真空软管和进气歧管上的制动助力器真空软管。

❾ 从节气门体和进气歧管上断开节气门拉线(拉线式操作此步骤)。

❿ 从进气歧管上拆卸节气门拉线托架螺栓(拉线式操作此步骤)。

⓫ 拆卸发电机至进气歧管管箍带托架螺栓和箍带。

⓬ 拆卸动力转向机软管卡箍螺栓并将软管从修理部位移开。

⓭ 从发动机体和进气歧管上拆卸进气歧管支架螺栓。

⓮ 拆卸进气歧管支架。按如图4-58所示的顺序拆卸进气歧管固定螺栓。

⓯ 拆卸进气歧管。拆卸进气歧管衬垫。

扫一扫
视频精讲

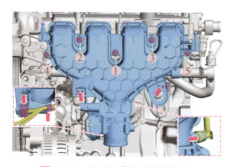
图4-58 拆卸进气歧管螺栓

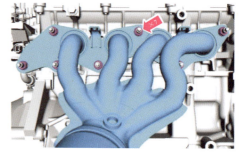
图4-59 拆下排气歧管螺栓

(3) 拆卸排气歧管

❶ 从发动机体和排气歧管上拆卸排气歧管支架螺栓（图 4-59）。如果有隔热板，一并拆下隔热板。

❷ 拆卸排气歧管支架。

❸ 拆卸排气歧管，拆卸进气歧管衬垫。

(4) 拆卸气门室罩盖

❶ 将气缸盖罩螺栓按对角顺序拧下。

❷ 取下气缸盖罩。将气缸盖罩放置在一个干净的软垫层上。

取下气门室罩盖垫，注意气门室罩盖垫的完好。

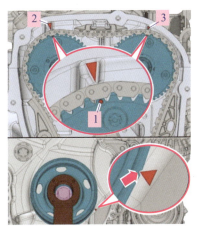

图 4-60　正时标记（大众 CHHB、CUGA 发动机）

(5) 拆卸凸轮轴正时机构　就车作业时，若只拆卸下气缸盖作业，那么拆卸正时传动机构凸轮轴正时链（或齿形带）在缸盖的部分即可，使缸盖与缸体分离。拆装正时链之前要校对正时标记（图 4-60 中 1～3）。

(6) 拆下气缸盖

❶ 用力矩扳手将气缸盖螺栓按对角 1～5 顺序拧松（图 4-61），然后旋出。

❷ 取下气缸盖。将气缸盖放置在一个软垫层上。注意气缸垫的完好。

3. 拆解气缸盖

(1) 拆卸火花塞　如果火花塞还继续使用，那么要放置好火花塞，以免损伤电极。

(2) 拆卸凸轮轴

❶ 位于每个气缸侧面的双凸轮轴，由凸轮轴架支撑，并与缸盖直线排列，一般凸轮轴由一个安装法兰定位，该安装法兰同时还控制凸轮轴的浮动端。

拆卸法兰的 4 个螺栓，取下法兰（图 4-62）。

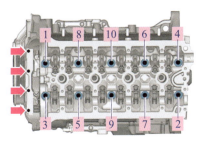

图 4-61　拆下气缸盖螺栓

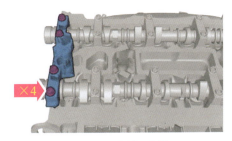

图 4-62　拆卸法兰

❷ 按图4-63所示的顺序，渐次松开把凸轮轴支架固定到缸盖上的螺栓，直到气门弹簧压力不再作用到凸轮轴上，同时拿开螺栓。

❸ 取下凸轮轴，并废弃凸轮轴油封。油封不能再次使用，一旦拆卸，安装时必须更换新油封。

扫一扫

视频精讲

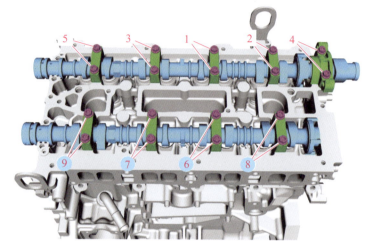

图4-63　按顺序拆卸凸轮轴固定螺栓

　　按安装顺序把液压挺住倒置放好。处理液压挺柱的时候要保持绝对的清洁。如果不能注意这些要点将会导致发动机故障。

（3）取出液压挺柱（图4-64）　自我调节型轻量的液压气门挺柱安装在每个气门的顶部并直接与凸轮轴接触。液压气门挺柱安装在每个气门顶部，由凸轮轴直接驱动。液压气门挺柱油封是铸在金属上的，它同时也作为气缸盖上的气门弹簧座。

最好是用一根磁力棒，从缸盖上吸着拿出液压挺柱。

（4）拆卸气门弹簧　如图4-65所示为气门弹簧在气门组的位置。有些车辆配置两个气门弹簧，内、外簧各一个，有些车辆只有一个气门弹簧。

下述两种工具都可以拆卸气门弹簧。4S店一般使用第一种工具（图4-66）相对较多；第二种工具（图4-67）简单方便，购买相对便宜，修理厂和小维修店使用第二种工具较多。

第四章　扎根车间——成就"汽修工匠"

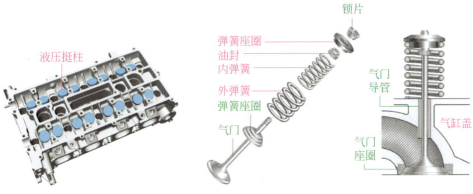

图 4-64　液压挺柱

图 4-65　气门弹簧在气门组的位置

❶ 如图 4-66 和图 4-67 所示，使用专用压簧工具压下气门弹簧。

图 4-66　拆卸气门弹簧工具（一）

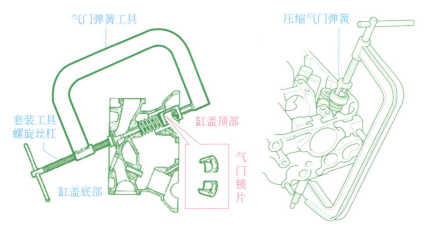

图 4-67　拆卸气门弹簧工具（二）

123

❷ 拿开气门弹簧锁夹，松起压簧工具，松开气门弹簧。

❸ 取下气门弹簧。

❹ 取下气门弹簧垫片。

（5）取下气门　每个气门座有 3 个机加工面，提高气门与座之间的密封性能。

❶ 在气门底部做好标记，记录气门所属哪个气缸。

❷ 取下气门，并按顺序放置。

（6）拆下气门油封　气门油封在气门组的位置见图 4-65。气门油封一旦拆卸必须并废弃，不能再次使用。

如图 4-68 所示，用气门油封专用工具夹出气门油封。

（7）检查气缸盖

❶ 用刮刀刮去气缸盖上积炭，注意刮刀不宜很锋利，以免划伤缸盖表面。

❷ 用煤油或汽油清洗缸盖。

❸ 检查气缸盖是否有腐蚀和损伤；检查缸盖的平整度。

4. 拆卸飞轮

飞轮是将在做功行程中传输给曲轴的功的一部分储存起来，用以在其他行程中克服阻力，带动曲柄连杆机构越过上、下止点，保证曲轴旋转角速度和转矩尽可能均匀，并使发动机有可能克服短时间的超载荷。飞轮通过离合器将动力传递给变速器。

（1）拆卸离合器　手动变速器离合器是传统的膜片弹簧式离合器，配有由液压驱动的离合器分离机构，由预先加注油液的主缸和从动缸这两个密封系统提供助力。离合器不需因磨损而调整。

图 4-68　取下气门油封

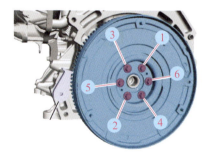

图 4-69　拆卸飞轮螺栓

飞轮上有 6 个螺纹孔用来定位及固定离合器压盘。

❶ 用专用工具将飞轮固定。

❷ 将离合器压盘的固定螺栓对角拧松并旋出螺栓；取下离合器压盘及离合器从动盘（离合器摩擦片，简称离合器片）。

（2）拆卸飞轮

❶ 如图 4-69 所示，使用力矩扳手，按顺序松开飞轮上的 6 个螺栓。

❷ 旋出螺栓，取下飞轮。

（3）拆下机油泵　此作业为发动机总成已经拆卸落地，对发动机总成进行拆解。

❶ 拆卸油底壳、拆卸附件。

a. 拆卸发电机支架。

b. 拆卸曲轴皮带轮。

c. 拆卸正时下罩盖。拆下正时链轮链条或正时皮带。

d. 拆卸曲轴前后油封法兰。

e. 拆卸油底壳。

❷ 拆卸机油泵。机油泵固定在缸体上（图 4-70），机油泵靠曲轴通过链条驱动，机油滤清器从上面拆卸，机油冷却器用来冷却机油。拆卸机油泵如图 4-71 所示。

a. 旋出螺栓 4 并取下防溅板。

b. 旋出螺栓 2，从机油泵轴上取下链轮。

c. 旋出螺栓 1 和 3 并取下机油泵。

扫一扫

视频精讲

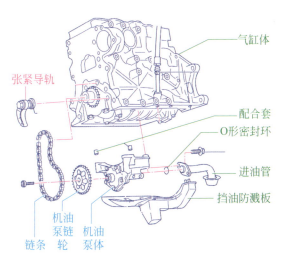

图 4-70　机油泵安装位置及组件分解（宝来 1.6）

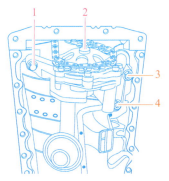

图 4-71　拆卸机油泵

5. 拆卸活塞、连杆

维修提示

拆卸之前，注意每个组件的位置。在每个活塞和连杆上做对应气缸的标记。

❶ 拆卸连杆瓦螺栓，取下连杆瓦，见图4-72。
❷ 用木质锤子柄把连杆从气缸中捅出，拿出带活塞的连杆（图4-73）。
❸ 逐个把连杆瓦按入带有活塞的连杆，按顺序放置。

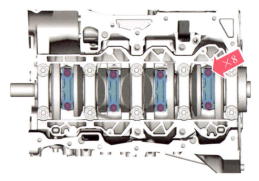

图4-72 拆卸连杆瓦螺栓

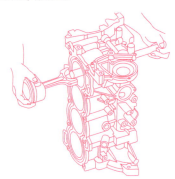

图4-73 取下活塞

6. 拆卸曲轴

（1）按顺序松开曲轴轴承盖

❶ 拆下脉冲信号齿轮（信号盘）。小心不要损坏脉冲信号齿轮。曲轴装配见图4-74。拆下曲轴轴承盖见图4-75。

❷ 按顺序旋松轴承盖螺栓，重复操作直到所有的螺栓都松动为止。

（2）拆下曲轴轴承盖并取出曲轴

❶ 将轴瓦从轴承盖上拆下，按次序摆放好所有的轴承盖。

用2个拆下的轴承盖定位螺栓拆下5个轴承盖和5个下轴承（图4-76）。

维修提示

将螺栓插入其中一个轴承盖，轻轻拉起气缸体并向其前侧和后侧施力从而拆下轴承盖。小心不要损坏盖和气缸体的接触面。

第四章 扎根车间——成就"汽修工匠"

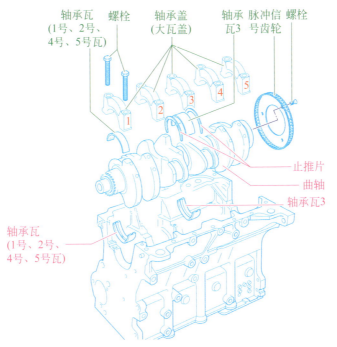

图 4-74 曲轴装配

图 4-75 拆下曲轴轴承盖（大瓦盖）

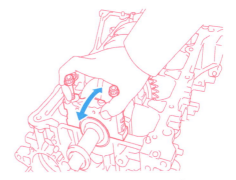

图 4-76 拆下曲轴轴承盖

❷ 将曲轴抬出发动机气缸体。

（3）取出轴瓦

❶ 取出轴瓦，且做好标记，不要混淆运转过的轴瓦。

❷ 轴承盖上的轴瓦无润滑槽。气缸体上的轴瓦有润滑槽。

7. 拆装活塞

如果还继续使用旧连杆，那么需要这个程序。从旧连杆上拆下旧活塞，以备在旧连杆上安装新的活塞，见图 4-77 和图 4-78。

❶ 在活塞销卡环上涂抹新的发动机机油，并在环槽内转动它们直到端隙与活塞销孔的切口对齐。

❷ 将卡环从各活塞两侧拆下。从活塞销孔的切口处开始，小心地拆下卡环，使其不飞出或丢失。戴上眼保护装置。

维修提示

小心不要损坏环槽。

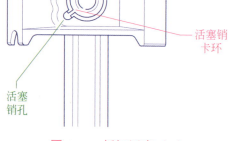

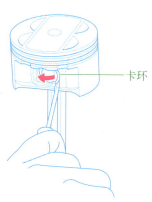

图 4-77 拆卸活塞（一）　　图 4-78 拆卸活塞（二）

三、发动机大修和装配

1. 机件拆装检查要点

（1）螺栓　按照规定的顺序松动或紧固螺栓以防止设有多个螺栓的部件变形。

（2）螺栓黏合剂　为防螺栓变松，给一些螺栓涂加锁止黏合剂。

（3）皮带轮　拆卸和安装转动部件上的螺栓及螺母时，开始前确保其转动部件的稳定。

（4）塑性域螺栓　有一种特殊螺栓可被紧固到规定扭矩，它被称为塑性域螺栓。

（5）密封垫和油封　为防漏油，一些部件装有密封胶（密封填料）或密封垫。

（6）凸轮轴　拆卸和安装凸轮轴时，要保持气门弹簧的弹力均匀分布，凸轮轴保持水平。

（7）压入部件　齿轮或轮毂类部件被压入并紧密结合，用压力机和专用工具来安装和拆卸这些部件。

（8）卡环　卡环是一种圆形的部件，可安装在不同的位置上，以防止松动。

（9）安装位置和方向　部件的安装位置和安装方向是有规定的。

（10）软管、夹子　管道和软管由夹子固定，断开和连接软管时，选择恰当的工具并采取正确的方法。

（11）蓄电池　断接蓄电池时，遵照规定的顺序以防短路。先断开负极。

（12）连接器　断开连接器时，先打开锁紧部件，然后断开连接器。

2. 螺栓松动和紧固顺序

遵循规定的顺序，每次均匀、少许地松动和紧固螺栓以防变弯。

（1）气缸盖　拆卸时，从外侧向内侧松动螺栓；安装时，从内侧向外侧紧固螺栓。

（2）离合器壳　离合器壳这些圆柱形部件，以对角线方向每次少许松动和紧固螺栓。

（3）轴承盖

❶拆卸时，从外侧向内侧松动螺栓。

❷安装时，从内侧向外侧紧固螺栓。

3. 把新活塞安装在连杆上

❶先在一侧安装活塞销卡环（图4-79）。

❷安装活塞和连杆，使压印标记在同一侧（图4-80）。

❸安装活塞销（图4-81）。

❹安装另一侧卡环。

用同样的方法重新装配其他的活塞。

在活塞销上，涂抹新的发动机机油。

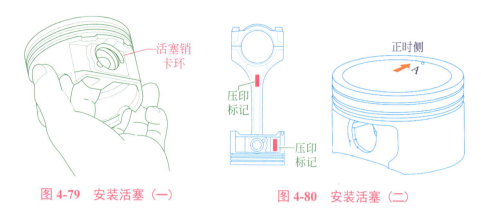

图 4-79 安装活塞（一）　　　　图 4-80 安装活塞（二）

如图 4-80 所示，传统连杆分离面是平的，则有安装朝向标记，安装时注意标记。

如果是分体式连杆，分离面不是平的，取消连杆瓦定位凸起（如大众发动机，见图 4-82）。安装前需要断开连杆大头，用带铝保护垫的台钳夹紧连杆。只能略微夹紧连杆，以避免损坏连杆。

连杆在划线下方被夹紧。拧出两个螺栓 5 圈。小心地用一把塑料槌沿图 4-82 所示箭头方向敲连杆轴承盖，直到其松动。

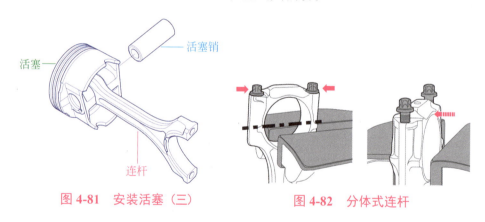

图 4-81 安装活塞（三）　　　　图 4-82 分体式连杆

4. 安装活塞环

（1）清理活塞环槽　如果是旧活塞，要清理活塞环槽。用一个直角断裂的环或一个带刮片、可适应活塞环槽的环槽清理器彻底地清理所有环槽。如有必要，锉平刮片。

注意不要用钢丝刷清理环槽，也不要用清理工具深切环槽（如果是新活塞这步程序免去）。

（2）按顺序选取和安装活塞环

❶ 按顺序安装刮油环、第二压缩环、第一压缩环（可使用专门的活塞环扩张器安装活塞环）。使"TOP"或识别标记朝活塞的上部。

❷ 在活塞环槽内旋转活塞环，确保活塞环不卡滞。

安装活塞环时注意，如图 4-83 所示，第一道气环有标记，第二道气环也有标记，标记必须朝上，这是非常重要的操作。

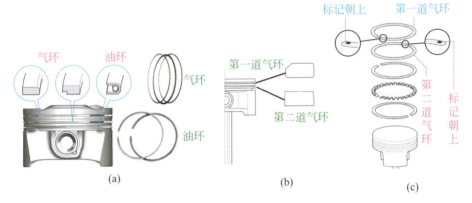

图 4-83　安装活塞环（一）

活塞环在活塞上安装定位位置如图 4-84 所示。
① 第一道环开口与活塞销轴向成约 45° 角。
② 第二道环开口与第一道环成 180° 角。

（3）测量活塞环开口间隙（图 4-85）　使用新机油润滑活塞和活塞环，然后用活塞将活塞环插入直到气缸中段，并使用塞尺测量活塞环端间隙。如果测量值超过限值，应更换活塞环，并再次测量。如果仍超过极限，则重新镗缸，并使用加大尺寸的活塞和活塞环。

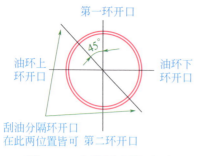

图 4-84　安装活塞环（二）

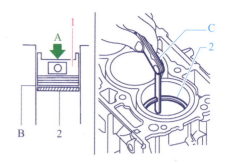

图 4-85　测量活塞环开口间隙

A—活塞（插入气缸中段）；B—气缸；
C—塞尺；1—活塞；2—活塞环

（4）测量活塞环槽高度间隙（图 4-86）

❶ 测量前清洁活塞环槽及活塞环。

❷ 将活塞环与塞尺垂直嵌入活塞环槽，测量间隙。

5. 测量活塞直径（图 4-87）

活塞直径测量值见表 4-1。测量距离活塞底 10～16mm 之间的活塞裙部直径。

表 4-1　活塞直径测量值

活塞等级	标准值（新）/mm	维修极限/mm
A 或 1	81.925～81.961	0.04
B 或 2	81.961～81.971	0.04
C 或 3	81.972～81.981	0.04

图 4-86　测量活塞环槽高度间隙

1—厚度规；2—活塞环；3—活塞

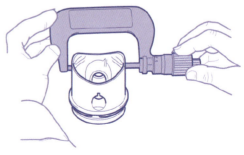

图 4-87　测量活塞直径

6. 机件安装位置和方向

某些零件安装时有规定的位置和方向。安装时如未正确地遵守这些要求，这些零件可能受到损坏，或即使安装上了以后也会出问题。

这些零件具有特殊的标记、形状、识别号等，例如图 4-88 所示的轴瓦的安装方向。在拆卸这些零件时，应认真记录它们的特征，确保照原样更换。

有关具有规定位置和方向零件的注意事项：

❶ 做匹配标记／标签；
❷ 进行临时安装；
❸ 按分解的次序排列零件／做上标识号；
❹ 检查方向。

7. 按分解的次序排列零件和做上标识号

（1）顺序排列　在有相似零件的情况下，使用分类箱按次序安放零件，以免在重新装配时发生差错（图 4-89）。

❶ 在分类箱上编号并按零件拆卸次序摆放。
❷ 轴承盖等零件自身有标识号，所以应提前在分类箱上编号，将零件按拆卸次序摆放。

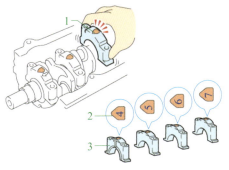

图 4-88　轴瓦的安装方向
1—特性标记；2—识别号；3—曲轴轴承盖

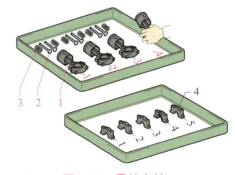

图 4-89　零件存放
1—连杆；2—阀门；3—气门弹簧；4—曲轴轴承盖

（2）检查标记方向　对于具有方向和组合的零件，应保证其安装正确（图 4-90）。

❶ 活塞／连杆。将活塞上的前部标记和连杆上的标记对齐。
❷ 轴承盖。将前部标记和编号对齐。

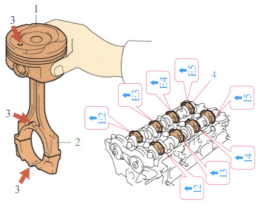

图 4-90　零件安装方向

1—活塞；2—连杆；3—前部标记；4—凸轮轴轴承盖

8. 检查间隙（图 4-91）

间隙是指部件之间适度的空间。机油在这些间隙中进行润滑，而且保持合适的间隙能防止卡死和噪声。为保持此合适的间隙，调节间隙至规定值或更换部件。

扫一扫

视频精讲

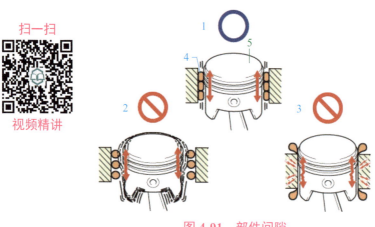

图 4-91　部件间隙

1—正常间隙；2—大间隙；3—小间隙；4—润滑油；5—活塞

根据方向性有两种间隙：径向和轴向。

测量间隙方法如下。

❶ 计算测量。

❷ 用塑料间隙规测量。

❸ 用百分表测量。
❹ 用厚度规测量。

维修提示

① 间隙比参考值大将导致不正常的噪声和震动。
② 比参考值稍小将导致卡住或损坏部件。
③ 正常情况下，间隙将变大，因为使用时部件磨损。因此，如果间隙测量值低于参考值，就要怀疑测量有错误。

9. 目视检查

目视检查部件是否有任何异常或者损坏（图4-92）。如果在目测检查中发现了异常情况，必须检查相关的部件是否异常。必要时可更换部件。目视检查包括下述要点。

（1）清洁/清洗 清洁部件上沉积的污物以便精确地进行检查。

（2）检查 根据污物沉积程度或位置推测有问题的区域。

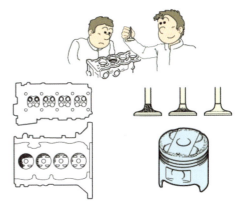

图4-92 目视检查示意

❶ 检查是否有形变、裂纹或者损坏。
❷ 检查是否有显著的磨损。
❸ 检查金属区域是否有由于燃烧造成的颜色改变。

10. 把曲轴安装到气缸体上

（1）安装要求

❶ 曲轴组装时需进行配对，需先行得知缸体尺寸级数，再选择曲轴尺寸级数，两者都确定级数后，则可按选定的级数进行轴瓦选配，气缸体上有标记。

❷ 在曲轴各轴上涂抹少许机油。
❸ 确认轴瓦沟槽的方向。
❹ 确认气缸体上的机油孔与对应主轴承轴瓦上的机油孔已对正。
❺ 安装曲轴时不可戴棉质手套。轴瓦上不可有异物附着。

(2) 重点安装步骤

❶ 使用气枪喷向气缸体、气缸口径及下曲轴箱的发动机机油回路与发动机冷却液回路，以除去所黏附的异物。

❷ 确认所有油道、水道、轴瓦安装面必须干净。

❸ 安装各缸机油喷油嘴。

❹ 将主轴承轴瓦装入缸体主轴承座（图4-93和图4-94）。

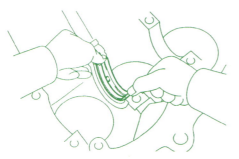

图4-93 安装曲轴主轴承瓦（缸体上）

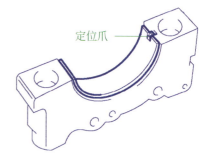

图4-94 安装曲轴主轴承盖瓦

❺ 将曲轴降到发动机气缸体内，当心不要损坏轴颈和脉冲轮。

❻ 曲轴置于气缸体内。

在带止推垫圈槽的一侧涂抹新的发动机机油。将止推垫圈安装到第四轴颈止推槽内。如图4-95中a所示，沟槽向外。

❼ 把飞轮安装曲轴上（这步骤先不用紧固飞轮螺栓，待曲柄连杆机构和法兰油封都安装完毕，再紧固飞轮螺栓）。

❽ 安装轴瓦和轴承盖。轴承盖朝向发动机气缸体正时皮带端。

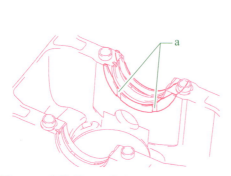

图4-95 止推轴瓦（或者叫止推垫圈）安装

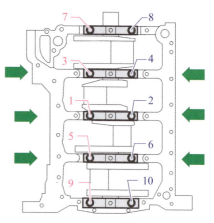

图4-96 紧固曲轴

❾ 安装轴承盖螺栓。

❿ 按顺序用力矩扳手紧固曲轴瓦盖螺栓。

如图4-96所示,按顺序拧紧曲轴轴承盖的固定螺栓,紧固曲轴。所有四缸发动机均为此顺序,多缸发动机也按照先紧固中间位置螺栓,后紧固两边螺栓的原则。分步骤力矩和角度紧固。具体车型要参照维修手册执紧固力矩。

⓫ 转动飞轮,曲轴转动应自如。

11. 活塞连杆组件装入缸体

(1) 准备工作 在各气缸壁、曲轴及瓦片上涂抹机油。气缸所在位置与所安装的连杆上气缸号码应相同。

(2) 重点安装步骤

❶ 将连杆轴瓦压入连杆大端及连杆大端盖轴承座中。安装时,将连杆轴承的凸出挡块对正连杆及连杆大端盖的凹口进行安装(图4-97)。

❷ 将连杆及活塞裙部放入气缸,并要注意活塞装配标记(指向前)和活塞端隙开口方向(图4-98);然后,将活塞环压紧器套住活塞环上收紧。

扫一扫

视频精讲

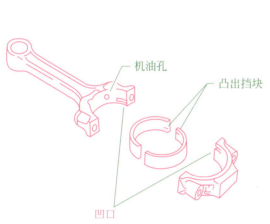

图4-97 安装活塞连杆组件(一)

图4-98 安装活塞连杆组件(二)

❸ 使用活塞环压缩器将活塞与连杆总成安装到曲轴上。

❹ 如图4-99所示,将活塞/连杆总成在气缸内定位,并用锤子的木柄将其敲入。在压环器上,保持向下的压力,以防止活塞环在进入气缸前胀开。

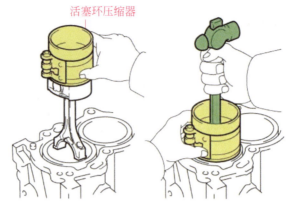

图 4-99　安装活塞连杆组件（三）

❺ 活塞环压缩器自由松开后，停止下压，在推活塞就位前，检查连杆与曲轴连杆轴颈是否对准。

❻ 用力矩扳手按顺序锁紧连杆螺栓，按维修手册规定力矩拧紧螺栓。

❼ 检查连杆侧间隙。确认曲轴是否可平顺旋转。

12. 安装附件及油底壳

（1）密封垫的清洁

❶ 为得到最好效果，把黏附在该部件上的旧密封胶、密封垫清除掉。

❷ 可以用刮泥器和刷子等清除掉尘土和旧密封胶、密封垫。

❸ 用清洗油辅助密封填料的拆卸。

❹ 用清洁的汽油去除残留油。

维修提示

①小心不要造成涂有密封剂的表面任何的弯曲或损坏。

②涂有密封剂的表面上如有任何油或异物，将不利于紧密粘接并导致漏油。

（2）涂抹密封胶　在全部表面均匀地涂抹一层密封胶，不要有任何间隙。密封胶的位置和数量（厚度）有规定值。安装前检查表面有无异物。

（3）安装油底壳　曲轴安装完毕以后，要安装其他零部件和油底壳。

❶ 安装法兰和曲轴后油封。

❷ 安装机油泵。

❸ 安装平衡轴（如有）。
❹ 安装曲轴前油封。
❺ 安装油底壳。

a. 在油底壳上涂抹密封胶（图4-100）。

b. 将油底壳与下曲轴箱接合处使用涂胶增加密封性。

ⓐ 分解后涂抹面要完全消除干净才能再涂胶。
ⓑ 涂胶后5min内，需将螺栓锁到规定扭力。
ⓒ 打胶面不可黏附油液、水分及异物。
ⓓ 涂胶起点要超过涂胶终点。
ⓔ 在螺孔周围及螺孔内侧均要涂上胶。

c. 将油底壳对正定位销贴合在下曲轴箱上。

将油底壳对正定位销贴合在下曲轴箱上。再用螺栓A×2个、螺栓B×2个、螺栓C×15个，按1～19顺序锁紧油底壳螺栓（各种螺栓设置发动机有所不同）（图4-101）。

❻ 安装飞轮。
❼ 安装爆震传感器。

扫一扫

视频精讲

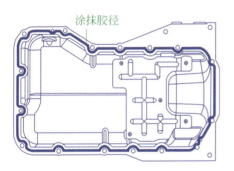

图4-100　涂抹密封胶

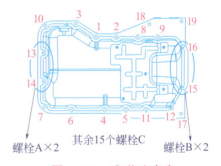

图4-101　安装油底壳

四、变速器维修和装配

1. 手动变速器

（1）换挡控制机构（图4-102）　换挡控制机构是通过换挡操纵机构使换挡控制机构的换挡拨销上下移动来选定拨叉轴，左右移动来选定所要挂入的挡位。通过换挡轴自锁螺栓来防止脱挡。在五/倒挡拨叉轴和一/二挡拨叉轴之间及五/倒挡拨叉轴和三/四挡拨叉轴之间装有互锁销以防止同时挂入两个挡位，从而保证变速器能正常工作。

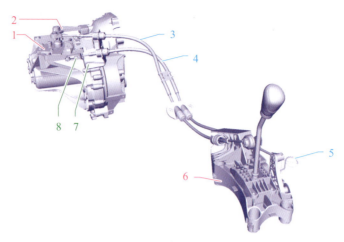

图 4-102　变速器和换挡机构
1—换挡机构；2—带有阻尼惯量的换挡臂；3—操纵杆；4—变速杆拉线；5—调整工具，换挡杆；6—变速杆；7—操纵杆拉线固定支座；8—变速杆拉线调节机械机构

（2）内部结构

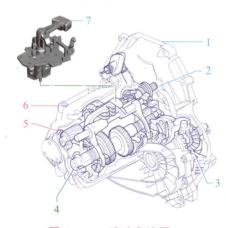

图 4-103　手动变速器
1—驱动桥壳-离合器一侧；2—输入轴；3—差速器总成；4—输出轴；5—倒挡惰轮；6—驱动桥壳-驱动桥一侧；7—换向机构

❶ 前进挡齿轮。前进挡的执行是由一组换挡滑动拨叉来控制带闭锁环的同步器共同配合完成的。

❷ 倒挡齿轮。倒挡齿轮不同步，采用了滑动惰轮，当挂入倒挡时，滑动惰轮与输入轴倒挡齿轮和主轴倒挡输出齿轮同时啮合，将输入扭矩传递给主轴输出，且使主轴的转向相对于挂入前进挡时的主轴转向相反，从而使车辆倒行。手动变速器见图 4-103。

❸ 输入轴和输出轴。变速器所有的齿轮都是常啮合的。输出轴齿轮是输出轴的一部分并且与差速器侧面斜齿轮常啮合。

输入轴和输出轴通过圆锥滚柱轴承各自安装在半桥驱动桥壳的离合器一侧和驱动桥一侧。输入轴和输出轴见图 4-104。

a. 输入轴（图 4-105）：3 挡和 4 挡齿轮的同步器总成安装在输入轴上。

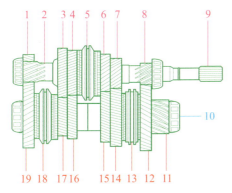

图 4-104　输入轴和输出轴

1—倒挡惰轮；2—倒挡齿轮齿数；3，17—5 挡齿轮；4，16—4 挡齿轮；5—3 挡和 4 挡齿轮的同步器总成；6，15—3 挡齿轮；7—2 挡齿轮齿数；8—1 挡齿轮齿数；9—输入轴；10—输出轴；11—输出轴齿数；12—1 挡齿轮；13—1 挡和 2 挡齿轮同步器总成；14—2 挡齿轮；18—5 挡/倒挡齿轮同步器总成；19—倒挡齿轮

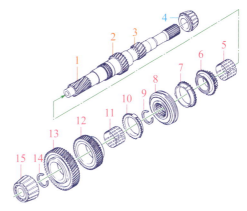

图 4-105　输入轴

1—输入轴；2—2 挡齿轮齿数；3—1 挡齿轮齿数；4—圆锥滚子轴承（离合器一侧）；5—3 挡齿轮滚针轴承；6—3 挡齿轮；7—3 挡齿轮同步器闭锁环；8—3 挡/4 挡齿轮同步器总成；9，14—卡环；10—4 挡齿轮同步器闭锁环；11—4 挡齿轮滚针轴承；12—4 挡齿轮；13—5 挡齿轮；15—圆锥滚柱轴承（驱动桥一侧）

b. 输出轴（图 4-106）：1 挡和 2 挡齿轮以及 5 挡/倒挡齿轮同步器总成安装在输出轴上。

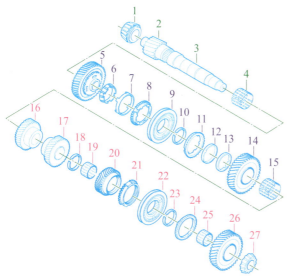

图 4-106　输出轴

1—圆锥滚柱轴承（离合器一侧）；2—输出轴齿数；3—输出轴；4—1 挡齿轮滚针轴承；5—1 挡齿轮；6—1 挡齿轮内置同步器闭锁环；7—1 挡齿轮同步器圆锥体；8—1 挡齿轮外置同步器闭锁环；9—1 挡和 2 挡齿轮同步器总成；10，18，23—卡环；11—2 挡齿轮外置同步器闭锁环；12—2 挡齿轮同步器圆锥体；13—2 挡齿轮内置同步器闭锁环；14—2 挡齿轮；15—2 挡齿轮滚针轴承；16—3 挡齿轮；17—4 挡齿轮；19—5 挡齿轮滚针轴承；20—5 挡齿轮；21—5 挡齿轮同步器闭锁环；22—5 挡/倒挡齿轮同步器总成；24—倒挡齿轮同步器闭锁环；25—倒挡齿轮滚针轴承；26—倒挡齿轮；27—圆锥滚柱轴承（驱动桥一侧）

❹ 倒挡惰轮（图4-107）。

a. 倒挡惰轮在倒挡惰轮转轴上的滚针轴承运行。

b. 倒挡惰轮通过输入轴驱动。它的作用是改变倒挡齿轮输出轴的旋转方向。

2. 离合器（图4-108）

离合器总成位于发动机和变速箱之间，通过螺栓将离合器总成固定在飞轮的后平面上，离合器的花键毂和变速箱的输入轴刚性连接。在汽车行驶过程中，驾驶员可根据需要踩下或松开离合器踏板，使发动机与变速箱暂时分离和逐渐接合，以切断或传递发动机向变速器输入的动力。离合器系统主要包括以下部件。

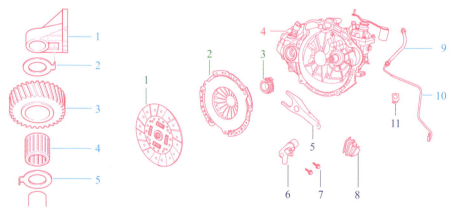

图4-107　倒挡惰轮
1—轴承支架；2—止推垫圈；3—倒挡惰轮；4—滚针轴承；5—止推垫圈

图4-108　离合器
1—离合器从动盘；2—离合器压盘；3—分离轴承；4—变速箱总成；5—分离拨叉；6—离合器分泵；7—离合器分泵固定螺栓；8—分离拨叉护套；9—离合器液压软管；10—离合器分泵进油管；11—离合器液压软管的固定支架

（1）离合器压盘　离合器压盘是主动件。离合器压盘用螺栓固定在飞轮上。

（2）离合器盘（离合器片）　离合器片是从动件，为带花键毂的离合器盘。花键毂能沿输入轴的花键自由轴向滑动，并通过这些花键驱动输入轴。主动件和从动件靠弹簧压力保持接触，该压力是由压盘总成内的膜片弹簧施加的。

（3）分离轴承　离合器分离系统包括离合器踏板、分离轴、拨叉和分离轴承。当踩下离合器踏板时，拨推动分离轴承，接着轴承推动压盘总成内的分离杆，从而使离合器分离。

3. 重要维修操作

（1）拆卸齿轮

❶ 同步器（图 4-109）。拆卸同步器时要注意，棘爪球是受弹簧牵制的。务必小心将选挡环从同步器齿毂中拆卸下来。

维修提示

拆卸之前，应该标注每个组件的位置。

❷ 作废卡簧环。通常情况下，拆卸下的卡簧环（图 4-110 中箭头位置）不能再进行使用，需要更换新的卡簧环。

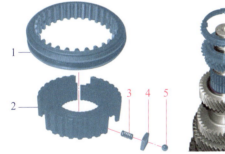

图 4-109　同步器
1—选挡环；2—同步器齿毂；3—压缩弹簧；4—锁环条；5—棘爪球

图 4-110　报废卡簧环

（2）拆卸轴承

❶ 只拆卸轴承。将输出轴夹紧在台钳上。如果只是更换轴承，按照图 4-111 所示，用拉拔器拆卸轴承。

❷ 解体拆卸。如果是解体变速器或者更换输出轴上其他部件，则按照图 4-112，用压力器拆卸。

4. 自动变速器

（1）自动变速器的特点　所有自动变速器有共同的特点，即自动变速器的电控系统包括执行器、传感器和电控单元（图 4-113）。

图 4-111　使用拉拔器拆卸轴承

图 4-112　使用压力器拆解

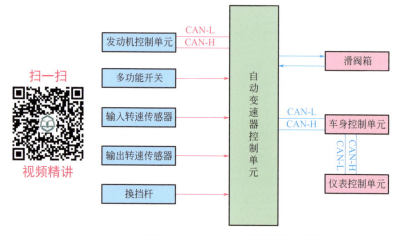

图 4-113　自动变速器控制系统框图

（2）自动变速器的结构和类型（表 4-2）

表 4-2　自动变速器结构和类型

类型		说明	图示
自动变速器（AT）	结构原理	液力自动变速器可以分为液控液力自动变速器和电控液力自动变速器，目前轿车上都采用电控液力自动变速器。AT 变速器由复杂的行星齿轮组和诸多的换挡执行元件组成，自动变速器虽然速比变化是自动实现的，但各挡速比也是固定不变的	
	组成	动力传递系统；齿轮变速系统；液压控制系统；电子控制系统；冷却控制系统	

续表

类型		说明	图示
无级自动变速器（CVT）	结构原理	CVT只需两组变速滑轮就能现实无数个前进挡位的速比变化，允许其在最大速比点到最小速比点之间做无级调节，它的速比变速是连续性的，不是固定不变的，只有倒挡的传动比是固定不变的	
	组成	CVT无级变速器的主要部件是两个滑轮和一条金属带，金属带套在两个滑轮上。滑轮由两片轮盘组成，这两片轮盘中间的凹槽形成一个V形，其中一边的轮盘由液压控制机构控制，可以视不同的发动机转速，进行开分与拉近的动作，V形凹槽也随之变宽或变窄，将金属带升高或降低，从而改变金属带与滑轮接触的直径，相当于齿轮变速中切换不同直径的齿轮。两个滑轮呈反向调节，即其中一个带轮凹槽逐渐变宽时，另一个带轮凹槽就会逐渐变窄，从而迅速加大传动比的变化	
双离合变速器（DCT）	结构原理	双离合器变速器的离合器与普通变速器离合器工作原理和结构一样。双离合器中有两个离合器独立工作，它们将扭矩传入相应的传动部分	
	组成	双离合变速器可以形象地设想为将两台变速箱的功能合二为一，并建立在单一的系统内，基本上就可看成是两个全同步式变速器并联在一起构成的（这里我们可以分别叫作分变速器1和分变速器2）	
自动机械式变速器（AMT）		AMT变速箱是在传统的手动齿轮式变速器基础上改进而来的，它是综合了AT和MT两者优点的机电液一体化自动变速器。它将手动变速器的离合器分离及挡拨叉等靠人力操纵的部件实现了自动操纵，即通过电动或液压动力实现。驾驶员操纵起来和自动变速器是一样的，这样就实现了手动变速器的自动化，即汽车电控机械式自动变速器	

第二节　掌握汽车电工技能

1. 汽车导线分类

汽车用电器通过导线来供电，导线可以分为高压线和低压线两种。根据用途，低压导线一般分为普通用导线和启动用导线。低压导线的芯线结构一般为多股线绞合，根据工作电流大小、机械强度来选择。导线以导线束形式集中铺设。子线束连接到不同的电气和电子系统。

2. 导线标识

（1）导线颜色用途　汽车导线按用途通过颜色标记出来，以便更好地加以区分。彩色标记对在车载网络中进行系统化故障诊断非常有利，因为从颜色即可知道导线的用途。每根导线都带有一种基本颜色，基本颜色就是导线的主颜色，还有两种标识色用于进一步区分基本颜色相同的导线。

（2）导线颜色标识

❶ 基本颜色。标识色可以作为纵向线条以间隔方式印在基本颜色上。例如，单黑色专用于搭铁线、红单色用于电源线等。导线颜色标识见表4-3。

表4-3　导线颜色标识（以大众汽车为例）

导线颜色	颜色符号
白色	ws
黄色	ge
灰色	gr
绿色	gn
红色	rt
紫色	bl
棕色	vi
蓝色	br
黑色	sw
橙色	or

❷ 混色导线。标识色还可以作为连续环形标志印在基本颜色上，如果

在电路图中列出导线颜色,则基本颜色在斜线前,标识色在斜线后。颜色标记与导线横截面有关。照明电气导线颜色标识见表 4-4。

表 4-4　照明电气导线颜色标识

导线	基本颜色 / 标识色
接地导线	棕色
总线端 15 电缆	黑色或黑色 / 色条
总线端 30 电缆	红色或红色 / 色条
蓄电池正极 - 远光灯瞬时接通开关	红色
远光灯瞬时接通开关 - 近光开关	白色 / 黑色
近光灯开关 - 远光灯	白色
远光灯瞬时接触开关 - 近光灯	黄色
左侧停车报警灯,尾灯	灰色 / 黑色
右侧停车报警灯,尾灯	灰色 / 红色

(3) 导线截面　汽车电气系统主要线路导线截面积见表 4-5。汽车线束内的电线常用规格有标称截面积 $0.5mm^2$、$0.75mm^2$、$0.85mm^2$、$1.0mm^2$、$1.25mm^2$、$1.5mm^2$、$2.0mm^2$、$2.5mm^2$、$4.0mm^2$、$6.0mm^2$ 等。

表 4-5　汽车电器系统(12V)主要线路导线截面积

名称	导线的使用部位标称截面积 / mm^2
后灯、顶灯、指示灯、仪表灯、牌照灯、燃油表、刮水器等电路	0.5
转向灯、制动灯、停车灯、分电器等电路	0.8
前照灯、电喇叭(3A 以下)电路	1.0
前照灯、电喇叭(3A 以上)电路	1.5
其他 5A 以上的电路	1.5～4.0
电源电路	4～25
启动电路	16～95
柴油机汽车电热塞电路	4～6

3. 线束

汽车线束有发动机线束、车身线束、总线束和分支线束等。不同颜色和粗细的线束（图4-114），编扎在一起，连接汽车上所有闭合电路形成的各个元件、电气设备以及接点。

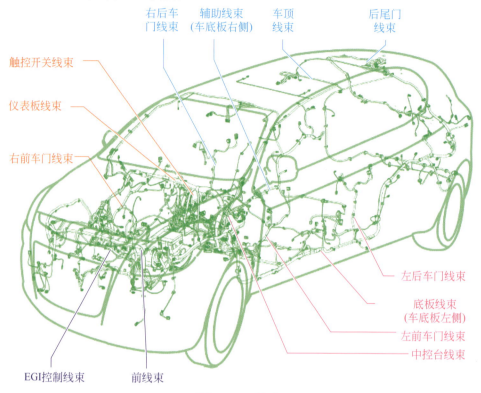

图 4-114　线束

汽车电气线束连接三大中心。

❶ 中央配线盒：是所有电源的来源。

❷ 仪表接线盒。

❸ 开关：开关不但是线束的中心，还是局部电路的控制核心，开关的功能反映了局部电路的主要功能。

维修提示

① 由于线束本身或者插接件处腐蚀和老化而损坏导致导线不能导通，需用检测灯进行导通性检测或用万用表测量导线的电阻。

② 如果导线电阻过大时无法向用电器提供足够高的电压，同时会出现功能故障，所以导线电压降不能过大。

4. 连接器

（1）连接器类型　连接器，维修中也称插接器、插接件等。连接器相当于由插头和插座组成，一般情况下，插头连接电气设备端，插座连接线束端。根据功能和连接电气设备不同，连接器分很多种，只分插座（母）和插头（公），没有特定的形状（也就是说，不能一看连接器就判别具体是与哪个电气设备、电气元件或控制器等连接的，只能大概看出是控制器的还是电机的等种类型）。各种连接器如图4-115～图4-125所示。

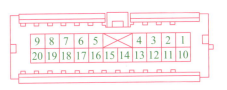

图4-115　车身控制模块连接器

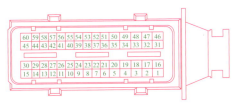

图4-116　ECM连接器

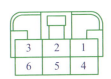

图4-117　空调控制器连接器

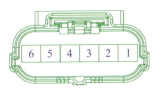

图4-118　某传感器连接器

图4-119　某电机连接器

图4-120　线束连接器（一）

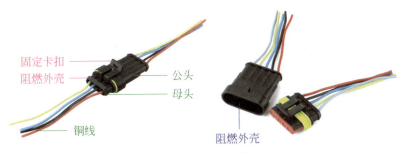

图4-121　线束连接器（二）

图 4-122　线束连接器（三）　　　　图 4-123　线束连接器（四）

图 4-124　线束连接器（五）

图 4-125　线束连接器（六）

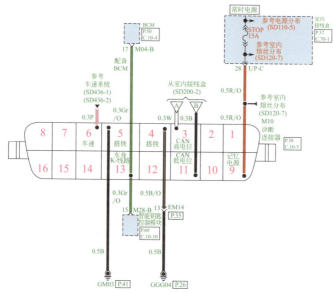

图 4-126　诊断连接器

诊断连接器（图 4-126）的一端连接在汽车上，另一端在诊断设备上，需要进行故障诊断、编程等维修作业时，进行连接诊断设备。所有车系的诊断插接器（图 4-126）在汽车上的安装位置和形状（针脚数量）都是固定的，这是一个国际标准。

（2）键扣式连接器的拆卸　所有插接器在结构上都有锁闭装置，拆开时，应先按下闭锁，使锁扣脱开，才能将连接器彻底分离。若需要拆卸连接器内的针脚，应使用专用工具。常见连接器断开方法见图 4-127～图 4-130。

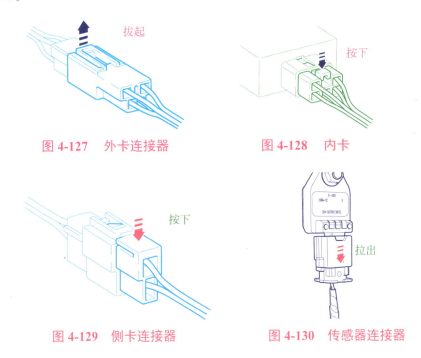

图 4-127　外卡连接器　　　　图 4-128　内卡

图 4-129　侧卡连接器　　　　图 4-130　传感器连接器

脱开 ECM 连接器时，如图 4-131 所示，按压 ECM 连接器插头 1 解锁键（箭头 A 沿箭头 B 方向扳开），脱开连接器插头。

维修提示

在分开接头时，勿拉扯线束或电线。当拆开接头时必须小心，不要损坏接头支撑架。

（3）安全气囊连接器的拆卸（图 4-132）

❶ 安全气囊直接连接式线束接头用于特定 SRS 元件上，如气囊模块。

❷ 从安全气囊元件上拆下接头之前，务必拉起黑色锁扣以释放接头。

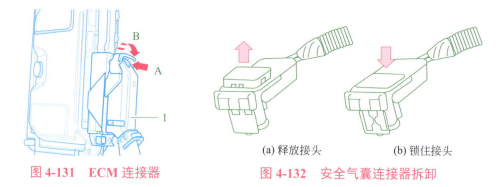

图 4-131　ECM 连接器　　　　图 4-132　安全气囊连接器拆卸
　　　　　　　　　　　　　　　　(a) 释放接头　　(b) 锁住接头

❸ 安装接头至安全气囊元件后，务必按下黑色锁扣以锁住接头。锁住后，黑色锁扣与接头外壳应保持水平状态。

5. 电路图认识要点

（1）读电路图的关键技巧

❶ 三个掌握要点。

a. 掌握各种车型电路图中的图形意义、标注规则、符号含义和使用方法等，记不住不要紧，看着电路图应能找到对应电气元件。

b. 掌握一定的电气系统的工作原理，尤其是电气元件的电路输出和输入。

c. 掌握承修车辆的电气布置情况。

❷ "一种两路"的技巧。

a. 一种车型。精心分析一种车型的典型电路，掌握各个系统之间的接线特点和规则，进而了解一个车系的电路特点。

b. 两路理顺了。

ⓐ 顺向：从用电设备找到蓄电池正极和搭铁，顺着电流流向，从蓄电池正极出发到用电设备再到搭铁。

ⓑ 逆向：逆着电流方向从负极搭铁到用电器再到蓄电池正极。

选择一种路径或者两种路径结合的方法去理顺，善于将一个复杂的系统回路简化，这样有利于快速理清电路结构。

（2）看电路图关键结构布局（大众/奥迪）

❶ 电路图中最上部（图 4-133）。电路图中，最上面部分为中央配电盒电路，其中标明了熔丝的位置及容量、继电器位置编号及接线端子号等。

❷ 电路图的中部（图 4-134）。电路图中，中间部分是车上的电气元件及连线。

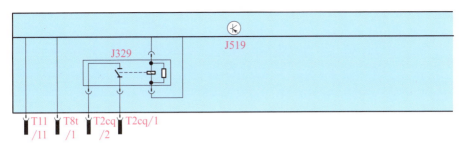

图 4-133 电路图中最上部

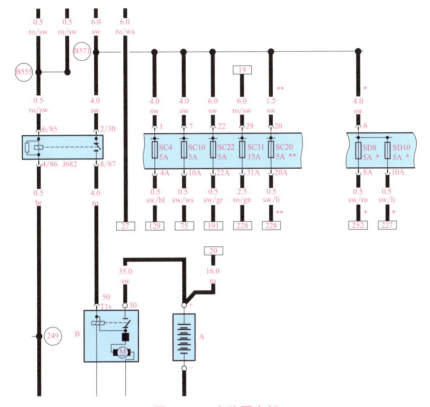

图 4-134 电路图中部

❸ 电路图中最下部（图 4-135）。电路图中，最下面的横线是搭铁线，上面标有电路编号和搭铁点位置，最下面搭铁线的标号是为了方便标明在续页查找而编制的。

（3）使用电路图的阅读原则

❶ 简单的电路图——找电源。比较简单的电路图要以"从前到后"阅读为原则，即电源→用电器→接地。

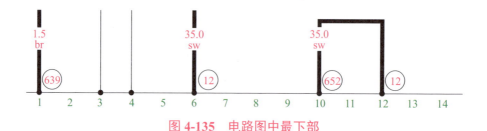

图 4-135　电路图中最下部

❷ 复杂的电路图——找用电器。比较复杂的电路图要以"从中间向两边"阅读为原则，即电源←用电器→接地。

（4）理顺线路路径

❶ 电路走向。电流方向基本上是从上到下，电流流向从电源正极→保护装置→开关→用电器→搭铁→电负极，形成简明的完整电路（图 4-136）。

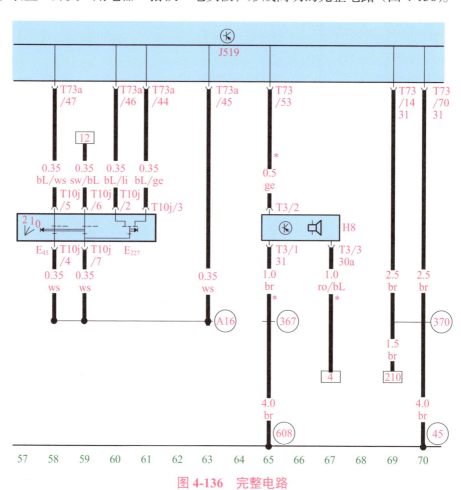

图 4-136　完整电路

❷ 从断路代号找位置。用小方块里的数字代号解决电路交叉问题，这是一种断代号的办法。大众车系采用断路代号法来处理线路复杂交错的问题，如图 4-137 所示，某一条线路的上半段在电路号码为 4 的位置上，下半段在电路号码为 67 的位置上，在上半段电路的中止处画一个标有 67 的小方格，即可说明下半段电路就在电路号码为 67 的位置上，下半段电路开始处也有一个小方格，里面标有 4，说明上半段电路就应在电路号码为 67 的位置上，通过 4 和 67，上、下半段电路就连在一起。使用这种方法以后，读再复杂的电路图，也看不到一根横线，线路清晰简洁，方便查找。

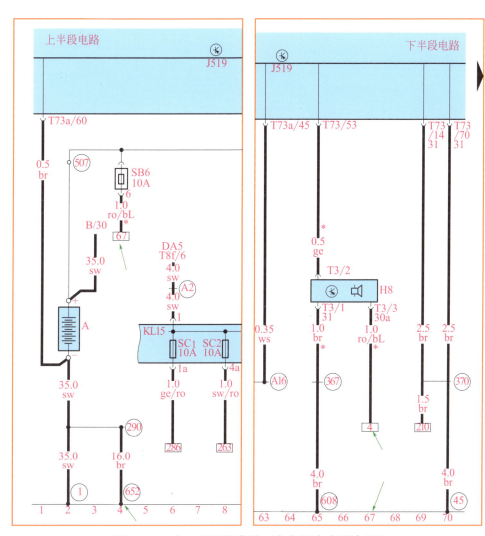

图 4-137　上、下半段电路（小方格为电路交叉）

6. 电路检查

（1）接地检查　接地连接对于电气与电子控制电路的正常作用十分重要。接地连接经常会暴露在湿气、灰尘与其他腐蚀性成分中。腐蚀（锈蚀）可能会变成不必要的电阻，这个不必要的电阻可能会改变电路元件的作用。电子控制电路对于接地的正确性非常敏感，松动或锈蚀的接地会对电子控制电路造成极大的影响，不良或锈蚀的接地很容易对电路造成影响。即使接地的连接部位看起来很干净，表面也可能有一层薄锈蚀。

检查接地连接时，应遵循下列规则。

❶ 拆下接地螺栓。

❷ 检查配合面是否有肮脏、灰尘或锈蚀等。

❸ 进行必要的清理以确保良好的接触。

❹ 确实重新安装螺栓。

❺ 检查可能干扰接地电路的"加装"配件。

❻ 如果几条电线同时系接在同一个环形接地端子上，则检查是否连接正确。确定所有的配合面都干净、紧密地连接，并形成良好的接地路径。如果多条电线连接在同一个杯形接地端子中，需确定没有绝缘线过长的接地线。

（2）检查电压（图4-138）

❶ 将电压表负极探针连接在一个已知且接地良好的接地点。

❷ 将电压表的正极探针连接到选定的测试点上。

测量前需先关闭点火开关，必要时需改变点火开关的状态。

（3）检查电流

❶ 拆开同一电路导线上的元件或接头。

❷ 将电流表的两个探针分别连接到同一电路导线上的元件或接头的两端。

测量前需先关闭点火开关，必要时需改变点火开关的状态。

> **维修提示**
>
> 　　检查电流时不可拆下负载，否则会造成熔丝的烧毁、检测仪器的损坏、线路的损坏。

（4）检查电阻（图4-139）

❶ 拆下要检修电路的熔丝，或拆开蓄电池负极接线柱导线。

❷ 分别将欧姆表的两个探针连接到要进行测试的电路导线或元件的两端。

测量前需先了解所检修的电路导线或元件的电阻规范值是多少，才能正确判断电路导线或元件的好坏。

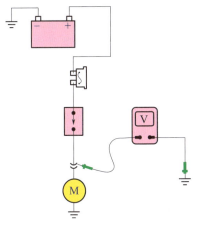

图 4-138　检查电压

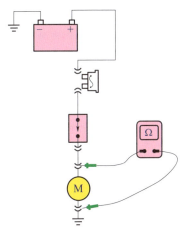

图 4-139　检查电阻

（5）检查电压降（图 4-140）

❶ 检查方法

a. 将电压表的两个探针分别连接到要检修的电路元件两端。

b. 正极探针连接到靠近蓄电池正电源电路的一端。

c. 负极探针连接到要检修的电路元件的另一端。

d. 电压表会显示这个电路元件的电压降。

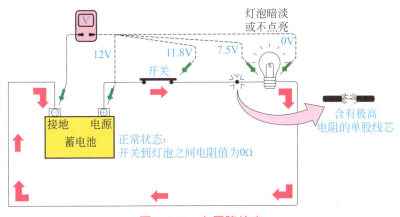

图 4-140　电压降检查

电压降测试经常被用来找寻元件或电路内是否有过高的电阻。电路中的电压降是由于电路在作用时，内部电阻所造成的。例如使用欧姆表测量电阻时,若导线内只剩单股线芯连接,此时电阻值会为0Ω,这时可能会判断此电路良好。但是当电路作用时,单股线芯并不能够承载过多的电流,因此单股线芯会对电流产生极高的电阻。此时测量电路元件的电压降时,则只会得到很轻微的电压降数据,如此即可判断连接电路元件的导线好坏。

❷ 不正常的电压降可能由下列情况导致

a. 电路导线的直径过细(例如单股线芯)。

b. 开关接点锈蚀。

c. 电线连接松动。

如果需要维修,务必使用相同规格的导线。

7. 电路故障表述(表4-6)

表4-6 电路故障表述

电路故障名称	释义
对蓄电池短路	该子类别用于电子控制单元测量到车辆系统(蓄电池正极)电压超出规定时间期限或期望某个其他数值时出现的故障
对搭铁短路	该子类别用于电子控制单元测量到搭铁(蓄电池负极)电压超出规定时间期限或期望某个其他数值时出现的故障
电压过低	该子类别故障是指电子控制单元测量的某个电压低于指定范围但不一定是对搭铁短路
开路	该子类别故障是指电子控制单元通过偏置电压不足、低电流、没有响应输出的输入状态改变等确定开路
电压过高/开路	该子类别故障是指电子控制单元测定的状况与任一指定故障模式相同
电压过低/开路	该子类别故障是指电子控制单元测定的状况与任一指定故障模式相同
电压过高	该子类别故障是指电子控制单元测量的某个电压高于指定范围但不一定是对蓄电池短路
性能-信号无效	该子类别故障是指信号值相对于给定运行条件并不合理
信号传送过快	该子类别故障是指信号传送过快、超过合理限值
信号传送过慢	该子类别故障是指信号传送过慢、低于合理限值
电流过大	该子类别故障是指电子控制单元测量的当前电流大于指定范围
电流过小	该子类别故障是指电子控制单元测量的当前电流小于指定范围
电阻过大	该子类别故障是指电子控制单元推断电路电阻大于指定范围

续表

电路故障名称	释义
电阻过小	该子类别故障是指电子控制单元推断电路电阻小于指定范围
信号不稳定	该子类别故障是指信号瞬间不可靠（对于信号无效而言不够长）或不连续
输入过高	该子类别故障是指某些电路数量超过指定范围
输入过低	该子类别故障是指某些电路数量低于指定范围
电压过低/温度过高	该子类别故障是指具有负温度系数的温度传感器检测到电压低于指定范围
电压过高/温度过低	该子类别故障是指具有负温度系数的温度传感器检测到电压高于指定范围
性能-信号上升时间失效	该子类别故障是指信号上升时间超出指定范围
性能-信号下降时间失效	该子类别故障是指信号下降时间超出指定范围
性能-信号形状/波形错误	该子类别故障是指信号的形状（振幅随时间的变化曲线）不正确（例如电路阻抗不正确）
信号幅度过低	该子类别故障是指电子控制单元测量的某个信号电压低于指定范围但不一定是对搭铁短路（例如增益太低）
信号幅度过高	该子类别故障是指电子控制单元测量的某个信号电压高于指定范围但不一定是对蓄电池短路（例如增益太高）
性能-偏置电平超出范围	该子类别故障是指电子控制单元施加偏置电压到叠加有一个信号电压的电路上（例如氧传感器电路）
信号交叉耦合	该子类别故障是指当电子控制单元控制两个电路时检测到一个电路对另一个电路短路
不稳定	该子类别故障是指电子控制单元暂时检测到上述定义的情况之一但其长度不足以设定一个特定的子类别
不正确周期	该子类别故障是指电子控制单元测量的一个输出循环的不正确周期
低电平时间过短	该子类别故障是指电子控制单元检测到低脉冲相对于时间过窄
低电平时间过长	该子类别故障是指电子控制单元检测到低脉冲相对于时间过宽
高电平时间过短	该子类别故障是指电子控制单元检测到高脉冲相对于时间过窄
高电平时间过长	该子类别故障是指电子控制单元检测到高脉冲相对于时间过宽
频率过低	该子类别故障是指电子控制单元检测到在指定的时间周期内循环次数太少
频率过高	该子类别故障是指电子控制单元检测到在指定的时间周期内循环次数太多
频率不正确	该子类别故障是指电子控制单元检测到在指定的时间周期内循环次数不正确
脉冲过少	该子类别故障是指电子控制单元测量到脉冲数过少（例如位置校准计数从一个极端走向另一个极端）
脉冲过多	该子类别故障是指电子控制单元测量到脉冲数过多（例如位置校准计数从一个极端走向另一个极端）

续表

电路故障名称	释义
丢失参考	该子类别故障是指电子控制单元未检测到一个信号电路或一组信号电路的参考
内部校验和错误	该子类别故障是指电子控制单元指示不正确的校验和计算,其中未指定存储器类型
一般存储器故障	该子类别故障是指电子控制单元指示存储器故障,其中未指定存储器类型
特殊存储器故障	该子类别故障是指电子控制单元指示存储器故障,其中未在本类别中定义特殊存储器类型
随机存取存储器故障	该子类别故障是指电子控制单元指示一个随机存取存储器(RAM)故障
随机只读存储器故障	该子类别故障是指电子控制单元指示一个只读存储器(ROM)故障
EEPROM 性能/故障	该子类别故障是指电子控制单元指示一个电子可擦除可编程只读存储器(EEPROM)故障
软件故障	该子类别故障是指电子控制单元指示操作软件的执行出现故障
监控软件故障	该子类别故障是指电子控制单元指示操作软件的执行出现循环时间错误
内部故障	该子类别故障是指电子控制单元指示检测到内部电路故障
组件安装不正确	电子控制单元通过该子类别指示连接至电子控制单元的硬件和电子控制单元预期的硬件不匹配
自检故障	该子类别故障是指电子控制单元指示电子控制单元命令启动的传感器自检失败
内部通信故障	电子控制单元通过该子类别指示内部通信线路(例如双微处理器配置的微处理器之间的通信线路)丢失
未编程	该子类别用于指示电子控制单元内只有启动软件
校准未编程	该子类别用于指示有操作软件但没有校准数据
编程错误	该子类别用于指示可以通过对模块重新编程来纠正的 EEPROM 错误
安全访问未激活	该子类别用于指示在未解锁电子控制单元的情况下尝试进行编程
变量未编程	该子类别用于指示需要输入(编程)子系统选装设备
配置未编程	该子类别用于指示需要输入(编程)车辆选装设备
VIN 未编程	该子类别用于指示需要输入(编程)车辆识别号(VIN)
安全码未编程	该子类别用于指示需要输入(编程)防盗/安全码
RAM 编程错误	该子类别故障是指电子控制单元指示通过重新编程纠正的随机存取存储器(RAM)故障
校验和编程错误	该子类别故障是指电子控制单元指示不正确的校验和计算,其中未指定存储器类型
校准数据未读入	电子控制单元通过该子类别指示传感器或执行器的密码、操作范围等必须通过电子控制单元读入

续表

电路故障名称	释义
故障诊断码存储器已满	电子控制单元通过该子类别指示检测到的故障诊断码超出分配给DTC存储器可容纳的容量
堆栈溢出	电子控制单元通过该子类别指示在堆栈中使用的内存超过分配给该程序的内存
温度过低	该子类别用于电子控制单元根据某些运行参数的持续时间计算出低温状况的故障情况
温度过高	该子类别用于电子控制单元根据某些运行参数的持续时间计算出高温状况的故障情况
信号传送过少	该子类别用于电子控制单元监测到一个参数超出规定限值内的时间并检测到少于预期的传送次数的故障情况
信号传送过多	该子类别用于电子控制单元监测到一个参数超出规定限值内的时间并检测到多于预期的传送次数的故障情况
性能	该子类别用于电子控制单元未发现预期的某个或某组参数变化响应特定事件的故障情况
保护暂停	该子类别用于电子控制单元检测到某项功能的启用超出规定的时间期限的故障情况
不合理	该子类别用于电子控制单元比较两个或多个输入参数的合理性的故障情况
卡滞	该子类别用于电子控制单元未检测到任何动作响应电机、电磁阀、继电器等通电的故障情况
卡在打开位置	该子类别用于电子控制单元在指令电机、电磁阀、继电器等运行以关闭一些设备时未检测到任何动作的故障情况
卡在关闭位置	该子类别用于电子控制单元在指令电机、电磁阀、继电器等运行以打开一些设备时未检测到任何动作的故障情况
检测到滑动	该子类别用于电子控制单元在指令电机、电磁阀、继电器等运行以移动一些设备至期望位置的时间过长的故障情况
无法到达紧急位置	该子类别用于电子控制单元无法指令电机、电磁阀、继电器等运行以移动一些设备至紧急位置的故障情况
不正确安装	该子类别用于服务器检测到未正确安装的组件（例如加速度传感器显示一个90°的位置误差）的故障情况
不正确组装	该子类别用于控制模块检测到组件安装不正确（例如液压管路交叉、电路交叉连接）或极性错误的故障情况
无效数据	电子控制单元通过该子类别指示接收到的信号的相应有效位等于无效或信号后处理测定其无效
信号计数不正确	电子控制单元通过该子类别指示收到的信号无相应的滚动计数值被正确更新
奇偶错误	电子控制单元通过该子类别指示处理的信息偶校验计算不正确
总线信号校验和错误	电子控制单元通过该子类别指示处理的信息保护（校验和）计算不正确

续表

电路故障名称	释义
串行数据链路输入过高	该子类别故障是指通过串行数据报告的某些电路数量超过指定范围
串行数据链路输入过低	该子类别故障是指通过串行数据报告的某些电路数量低于指定范围
总线信号不稳定	该子类别用于通过串行数据报告的信号暂时不可靠或不连续的故障情况

第三节　掌握汽车诊断技能

一、发动机基本"三要素"诊断

发动机正常启动，所具备的基本条件有三个（排除其他原因的情况下），即正常的点火、顺畅的燃油流、足够的气缸压力，这三个基本要素，缺一不可。

1. 发动机启动故障类型

发动机启动故障大致分为两类：
❶ 发动机不能正常转动；
❷ 发动机能被转动，但不容易启动。

2. 发动机启动故障诊断要点

（1）启动情况检查

❶ 启动发动机需要一定的转速。检查中要判断是否能够保持发动机启动所需要的速度。

❷ 达到足够的转速时，继续检查点火系统、燃油系统和压缩系统，这就是发动机运转的"三要素"。

❸ 如果由于启动系统的故障导致无法达到足够的转速，即使发动机情况正常也无法启动。

（2）更换蓄电池后的启动情况检查　如果蓄电池更换之后仍然不正常，无法达到足够的转速，应检查启动系统和发动机。

（3）检查发动机系统　如果发动机运转不正常，可能是由两个原因造成的：启动系统故障以及发动机系统其他故障，包括机械故障和电气故障。

如果发动机运转不正常，启动系统可能发生故障，启动系统的启动能力下降，发动机无法获得足够的转速。

如果发动机运转不正常，这样就造成了发动机旋转阻力过大。启动系统正常，但发动机旋转阻力过大使发动机无法获得足够的转速。

（4）与检测故障结果的一致性　尽管故障码输出结果显示异常，然而故障码所显示的故障信息与汽车症状并不相同，在这种情况下就要检查故障码和症状之间的关系。要结合故障码和症状去分析检查，也可以说是故障汽车的临床表现和设备诊断相结合，最终确定故障原因。

（5）症状确认　发动机启动困难的说法并没有表达出故障的原因。根据是否有启动迹象，或者发动机启动时间长等不同情况造成发动机启动困难的原因各有不同。在此步骤要弄清楚发动机启动困难的具体症状，只有这样才能缩小故障范围，最终排除故障。

3. 基本"三要素"的检查

如果没有启动的迹象，可以判定故障出在"三要素"上。通过"三要素"的检查可以将故障原因范围缩小到点火系统、燃油系统或压缩系统。

（1）点火系统　如果点火火花很弱或者根本没有火花，则会导致故障。

（2）燃油系统　检查燃油是否有压力，喷油器是否工作。

如果燃油没压力，可以判定故障出在燃油泵或其相关部位。

如果由于供油不足造成发动机启动困难，一般不会是2个以上气缸同时发生故障，这是因为故障很可能出现在燃油流经的零件，比如喷油嘴或输油管。因此，这些零件并不是导致故障的主要原因，在这种情况下就要系统性地检查与喷油泵相通的零件以缩小故障原因范围。

（3）压缩系统　气缸压力下降可导致发动机启动困难。如果压缩压力下降，在出现发动机启动困难之前就会出现由于怠速不良或动力不足造成的故障。

维修提示

合适的空燃比对于启动发动机是非常重要的。空燃比对发动机稳定性的影响非常大，所以在查找故障原因时要根据故障出现时的情况首先查找那些影响空燃比的因素。

二、发动机机油消耗的基本诊断

排气管冒蓝烟是烧机油的症状表现，但冒白烟也很大可能是烧机油（机油消耗），以下具体分析这一故障。

当机油燃烧造成在排气中能看到白烟时，改变发动机转数可以改变白烟的量，判断是否有机油通过活塞环损失或通过气门导管损失的情况。

1. 通过排气判断故障

（1）活塞环原因导致的机油损耗　发动机空转到 2000～3000r/min，检查排气状况。

❶ 当发动机空转时白烟增多。

❷ 当转速增加时白烟增多。

（2）气门油封原因导致的机油损耗　怠速运转数分钟，然后加速空转以检查排气的状况。在开始空转时白烟将排出约 1min，但烟量会逐渐减少。

扫一扫
视频精讲

2. 机油从活塞环损耗（图 4-141）分析

❶ 当发动机怠速运转时，燃烧室里的温度是较低的，因此即使发生机油通过活塞环损失，机油也不燃烧。因此，白烟的量是少的。

❷ 当发动机转速增大时，燃烧室里的温度升高，供至气缸的机油的量也增多，结果排出的白烟的量就增多。

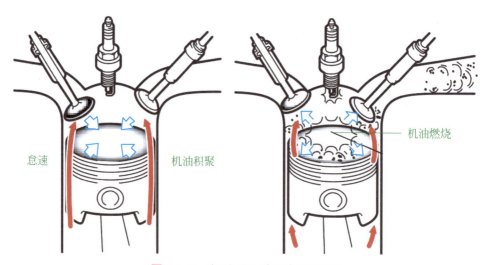

图 4-141　机油从活塞环损耗示意

维修提示

如果拆解发动机,可以直观得出机油消耗原因的结论(图4-142)。

(1)机油从活塞环损耗 很多积炭附着在活塞顶部的外周上。

(2)机油通过气门导管损耗 很多积炭附着在进气门上、附着在活塞的顶部上或附着在排气门杆上。拆下进气门和排气门并检查。

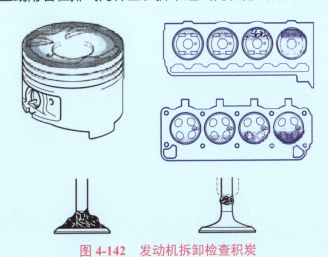

图4-142 发动机拆卸检查积炭

3. 机油从气门导管损耗(图4-143)分析

❶ 当发动机怠速运转时,进气管的负压很高,因此,机油从气门杆上被吸入燃烧室。然而,燃烧室内的温度是低的,因此机油附着在积炭上,而且积聚在气门或燃烧室上,从而使白烟的量减少。

❷ 当使发动机加速时,燃烧室的温度升高,立即燃烧积聚起来的机油使得大量的白烟排出。当机油完全燃烧后,白烟的量就会减少。

图4-143 机油通过气门导管损耗示意

❸ 如果发动机连续空转,燃烧室内的温度会升高,因此即使机油被吸入,它在积聚起来前就已燃烧,从而使白烟的量减少。

4. 故障排除措施

通过更换气门油封,排除机油从气门导管的损耗。

通过更换活塞环,排除机油从活塞环的损耗。

三、发动机怠速故障基本诊断

1. 核实怠速不良

对怠速不良的症状进行核实,怠速不良的原因视"怠速不稳"或"怠速异常"各异。所以,只有了解怠速不良的情况才能缩小故障原因的范围。

(1)怠速不稳　怠速不稳的症状就是发动机转动不稳,有振动。

(2)怠速异常　怠速异常的症状就是发动机转速不在规定范围之内。

❶ 怠速过高。

❷ 怠速过低。

❸ 转速波动。

❹ 发动机负荷变化时转速下降等。

维修提示

① 尽管症状是怠速不良,然而有时这种故障可能是由于怠速异常(怠速过低)造成的。

② 柴油机的震动高于汽油机的震动。发动机怠速转动时,如果我们无法找到故障原因,可以将故障车与同车型的另一辆车进行比较,然后根据比较结果做出更客观的判断。

2. 症状与故障码输出结果的一致性

尽管DTC显示异常,然而DTC所显示的故障与用户所述或者我们初判的故障并不一样,因此要检查DTC与问题症状之间的关系。

3. 缺缸判断

判断故障是影响某个气缸还是对所有气缸都有影响。

如果故障只影响某个气缸,应该检查这个气缸的火花塞、点火线圈、喷油器、气缸压力。

如果故障对所有气缸都有影响，则检查空燃比。

四、发动机机械故障概览

1. 发动机异响故障（图4-144和表4-7）

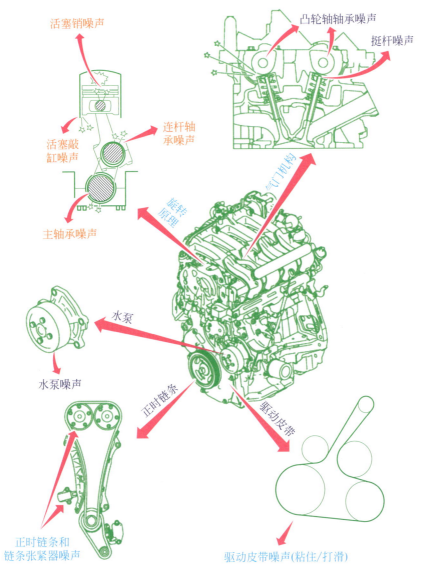

图4-144 发动机异响示意

表 4-7　发动机异响故障诊查

症状	可能出现的区域及原因	措施
发动机失火并伴有异常的发动机低噪声	发动机飞轮安装不当或松动	按需要维修或更换飞轮
	活塞环磨损（机油消耗能或不能引起发动机失火）	检查气缸压缩压力是否下降 按需要维修或更换
	曲轴止推轴承磨损	按需要更换曲轴和轴承
发动机失火并伴有异常的气门噪声	气门卡滞（气门挺杆处的积炭可能会导致气门不能适当关闭）	按需要维修或更换
	正时链失调或过度磨损	按需要更换正时链和链轮
	凸轮轴凸轮磨损	更换凸轮轴
发动机失火且冷却水消耗量大	气缸盖衬垫故障和/或破裂或其他气缸盖和发动机缸体冷却系统故障	检查气缸盖和发动机组是否因冷却水通道泄漏损坏，并检查气缸盖衬垫是否损坏
	冷却水消耗能否引起发动机过热	按需要维修或更换
发动机失火且机油消耗量大	气门、气门导管与气门杆的油封损坏	按需要维修或更换
	活塞环磨损（机油消耗是引起发动机不能点火的可能原因）	检查气缸压缩压力是否下降 按需要维修或更换
启动时发动机有噪声，但只持续几秒钟	机油黏度不正确	排放机油 添加正确黏度的机油
	曲轴止推轴承磨损	检查止推轴承和曲轴 按需要维修或更换
不管发动机转速如何，发动机噪声都过高	油压低	按需要维修或更换
	气门弹簧破裂	更换气门弹簧
	气门挺杆磨损或弄脏	更换气门挺杆
	正时链破裂或变长，链轮轮齿损坏	更换正时链和链轮
	正时链条张紧器磨损	按需要更换正时链条张紧器
	凸轮轴凸轮磨损	检查凸轮轴凸轮 按需要更换凸轮轴和气门挺杆
	气门导管与气门杆磨损	检查气门和气门导管，按需要维修
	气门卡滞（气门杆或气门座上的积炭，可能引起气门持续开启）	检查气门和气门导管，按需要维修
气缸盖罩附近有节奏清晰、均匀的"嗒嗒"声，怠速明显，转速升高，声音减弱	机油压力低	检查机油压力低
	液压挺住失效	检查液压挺柱 更换液压挺柱

续表

症状	可能出现的区域及原因	措施
不管发动机转速如何，发动机低噪声	油压低	按需要维修或更换损坏部件
	飞轮松动或损坏	维修或更换飞轮
	油底壳损坏，接触到机油泵滤网	检查油底壳 检查机油泵滤网 按需要维修或更换
	机油泵集滤器松动、损坏或受限	检查机油泵滤网 按需要维修或更换
	活塞与气缸内径间隙过大	检查活塞和气缸内径 按需要维修
	活塞销与活塞孔的间隙过大	检查活塞、活塞销和连杆 按需要维修或更换
	连杆轴承间隙过大	检查下列部件并按需要维修 ①连杆轴承 ②连杆 ③曲轴 ④曲轴轴颈
	曲轴轴承间隙过大	检查下列部件并按需要维修 ①曲轴轴承 ②曲轴轴颈
	活塞、活塞销和连杆安装不正确	确认活塞销和连杆正确安装 按需要维修
低负荷状态下发动机噪声	油压低	按需要维修或更换
	连杆轴承间隙过大	检查下列部件并按需要维修 ①连杆轴承 ②连杆 ③曲轴
	曲轴轴承间隙过大	检查下列部件并按需要维修 ①曲轴轴承 ②曲轴轴颈 ③气缸体曲轴轴承孔
发出声响频率较高、尖锐而持续不断地"吱——"声音	多楔带张紧度不足	检查附件张紧轮，测量附件皮带的张紧力
	多楔带经长时间使用被拉长	更换多楔带

2. 发动机不能转动故障（表4-8）

表4-8　发动机不能转动故障诊查

症状	可能出现的区域及原因	措施
发动机不能转动（曲轴不旋转）	液体堵住气缸 ①气缸内有冷却水/防冻剂 ②气缸内有机油 ③气缸内有燃油	拆卸火花塞，检查有无液体 检查气缸盖衬垫的破裂情况 检查发动机缸体或气缸盖破裂情况 检查燃油喷油嘴是否卡滞和/或燃油调节器是否泄漏
	正时链与正时链齿轮损坏	检查正时链条和齿轮 按需要维修
	气缸内有混杂物 ①气门破裂 ②活塞材料 ③杂质	检查气缸部件是否损坏及是否有异物 按需要维修或更换
	曲轴或连杆轴承卡住	检查曲轴和连杆轴承 按需要维修或更换
	连杆弯曲或破裂	检查连杆 按需要维修或更换
	曲轴损坏	检查曲轴 按需要维修或更换

3. 发动机失火且油液消耗大机械故障（表4-9）

表4-9　发动机失火且油液消耗大机械故障诊查

症状	可能出现的区域及原因	措施
发动机失火且冷却水消耗量大	气缸盖衬垫故障和/或破裂或其他气缸盖和发动机缸体冷却系统故障	检查气缸盖和发动机组是否因冷却水通道泄漏损坏，并检查气缸盖衬垫是否损坏
	冷却水消耗能否引起发动机过热	按需要维修或更换
发动机失火且机油消耗量大	气门、气门导管与气门杆的油封损坏	按需要维修或更换
	活塞环磨损（机油消耗是引起发动机不能点火的可能原因）	检查气缸压缩压力是否下降 按需要维修或更换

4. 气缸压力过低故障（表4-10）

表4-10　气缸压力过低故障诊查

	检查步骤	检查结果和排除措施	
1	检查空气滤清器滤芯是否堵塞	空气滤清器滤芯堵塞	更换空气滤清器滤芯、清洗进气管道及节气门
2	检查配气正时皮带是否跳齿，正时皮带是否损坏	正时皮带跳齿、正时皮带损坏	更换正时皮带及正时张紧器
3	向气缸压力过低的气缸内注入20～30mL机油（拆下火花塞，在火花塞孔内注入）。重测气缸压力，如果数值比第一次高，且接近于标准气缸压力	气缸、活塞、活塞环磨损过大或活塞环对口、卡死、断裂及气缸壁拉伤等造成气缸密封不良	对故障部位进行检修
4	如果重测气缸压力数值与第一次相近	进、排气门不密封	更换气门、气门导管
		气缸垫不密封	更换气缸垫并检查气缸盖的翘曲度
5	如果某相邻两缸两次检测的气缸压力相当，说明两缸相邻处的气缸衬垫烧损窜气	气缸衬垫损坏	更换气缸衬垫
		气缸盖螺栓没有达到标准拧紧力矩	更换气缸衬垫及气缸盖螺栓
6	在发动机运转时打开加机油口盖观察是否冒烟及观察排气管是否冒蓝烟	气缸、活塞、活塞环磨损过大	对发动机进行维修
7	正确检修操作后，检查故障是否出现	故障未消失	从其他症状查找故障原因

5. 气缸压力过高故障（表4-11）

表4-11　气缸压力过高故障诊查

序号	检查步骤	检查结果/措施	
1	检查燃烧室内积炭是否过多，导致燃烧室容积减少	燃油质量差 添加过多燃油添加剂 发动机烧机油	清除燃烧室内积炭
2	检查气缸盖垫片型号	气缸盖垫片型号不对；气缸衬垫过薄	更换原厂气缸盖垫片
3	检查气缸盖整体高度	气缸盖因加工过度，厚度变薄，导致燃烧室容积太小	更换气缸盖

续表

序号	检查步骤	检查结果/措施	
4	正确检修操作后，检查故障是否出现	故障未消失	从其他症状查找故障原因

五、发动机冷却故障概览

1. 冷却系统常见故障（表4-12）

表4-12　冷却系统常见故障诊查

现象		可能原因		措施
冷却液泄漏	从节温器密封垫	检查固定螺栓	检查固定螺栓的扭矩	重新拧紧螺栓并再次检查泄漏
		检查衬垫是否损坏	检查衬垫或密封件是否损坏	更换衬垫并重新使用节温器
冷却过度	降低加热器性能	拆卸散热器盖后，进行视觉检查	冷却水不足或泄漏	重新注入冷却水后，重新检查
		故障信息诊断；电气检查，启动发动机	①检查故障码信息 ②检查风扇离合器或风扇电机的连接 注意：如果风扇离合器一直连接，会在怠速时有噪声	①检查发动机冷却水传感器、线束和连接器 ②更换部件
		拆卸节温器并检查	①检查节温器阀是否存在灰尘或碎渣 ②检查节温器的卡滞情况	①清洁节温器并重新使用节温器 ②如果节温器工作不良，将其更换
加热过度	发动机过热	拆卸散热器盖后，进行视觉检查	①冷却水不足或泄漏 ②检查冷却系统是否存在空气	①重新注入冷却水后，重新检查 ②检查气缸盖衬垫是否损坏及固定螺栓的规定拧紧扭矩
		故障信息诊断；电气检查，启动发动机	①检查故障码信息 ②检查温度变化时的风扇电机性能 ③检查风扇离合器是否滑动 ④检查水泵的连接情况或泵轮是否损坏	①检查发动机冷却水传感器、线束和连接器 ②检查风扇电机、继电器和连接器 ③如果风扇离合器工作不良，则将其更换 ④如果水泵工作不良，则将其更换
		检查节温器，将节温器浸入热水中检查	拆卸节温器后，检查工作是否正常 注意：检查并确定节温器阀达到打开温度时的打开情况	如果节温器工作不良，则将其更换

2. 冷却系统温度过高故障（表4-13）

表4-13 冷却系统温度过高故障诊查

故障	症状		检查部件	
冷却系统的零件故障	热传递不良	水泵故障	驱动皮带磨损或过松	—
		节温器和水控制阀关闭位置卡住	—	
		散热片损坏	灰尘污染或纸屑堵塞	
			物理损坏	
		散热器冷却管堵塞	异物过多（锈蚀、污物、沙土等）	
	气流量减少	冷却风扇不工作	风扇总成	—
		风扇转动阻力过大		
		风扇叶片损坏		
	散热器罩损坏	—	—	—
	发动机冷却液混合比不正确	—	—	—
	发动机冷却液质量差	—	发动机冷却液黏度	—
	发动机冷却液不足	发动机冷却液泄漏	冷却软管	卡箍松动
				软管破裂
			水泵	密封不良
			储液罐盖	松动
				密封不良
			散热器	O形圈是否损坏、劣化或安装不正确
				散热器水箱破裂
				散热器芯破裂
			储液罐	储液罐破裂
		储液罐溢流	排气泄漏进入冷却系统	缸盖劣化
				缸盖垫片劣化

续表

故障	症状		检查部件	
除冷却系统零件故障外	—	发动机过载	狂暴驾驶	空载条件下发动机转速过高
				长时间低挡行驶
				超高速行驶
			动力传动系统故障	—
			安装尺寸不正确的车轮和轮胎	
			制动阻滞	
			点火正时不正确	
	空气流通受阻或受限	散热器格栅堵塞	空气流通受阻,清洗散热器和冷凝器	时间长未清洗
		散热器堵塞		
		冷凝器堵塞		

3. 水泵故障(表4-14)

表4-14　水泵故障诊查

现象		可能原因		措施
冷却水泄漏	从水泵的排出孔	目测及检查	检查是否泄漏	如果冷却水仍然泄漏,则更换水泵
				如果停止泄漏,则再使用水泵(不更换新水泵)
	从衬垫或螺栓		检查水泵固定螺栓是否拧紧	重新拧紧固定螺栓
			检查衬垫是否损坏或是否进入灰尘	更换衬垫并清除灰尘
	从水泵的外表面		检查材料或水泵是否裂纹	材料不良。如果发现裂纹,则更换水泵
噪声	从轴承	用发动机听诊器检查	启动发动机后,用发动机听诊器检查噪声	如果没有噪声,则重新使用水泵(不更换)
				如果从水泵发出噪声,则拆卸传动皮带并重新检查
	从机械密封件	拆卸传动皮带后检查	拆卸水泵和传动皮带后,再次检查噪声	如果有噪声,则重新使用水泵,检查其他传动部件
				如果没有噪声,则用新品更换水泵
	泵轮干涉	拆卸水泵后检查	拆卸水泵和传动皮带后,再次检查噪声	如果它们之间有任何干涉,则用新品更换水泵

续表

现象		可能原因		措施
过热	泵轮损坏	泵轮松动	泵轮叶片腐蚀	检查发动机冷却水
				冷却水质量差/保养检查
	泵轮松动		泵轮与轴分离	更换水泵

六、机油压力故障概览

发动机机油压力过低，一般会伴随有机油压力报警灯点亮，其故障诊查见表 4-15。

表 4-15　机油压力过低故障诊查

序号	检查步骤	可能的原因/措施	
1	检查机油油位并核查该车型机油型号	发动机机油油位过低	添加机油到规定油位
2	检查平衡轴油封、凸轮轴油封、油底壳螺栓、机油滤清器是否漏油	油封漏油	更换漏油油封
3	检查曲轴前后油封是否漏油（提示：如果更换前后油封后，在短时间内仍然漏油，则表明曲轴止推片间隙过大）	油封漏油	更换曲轴前后油封
4	检查机油，观看机油黏度是否过低	机油黏度过低	更换机油
5	检查机油压力报警灯电路状态	机油压力报警灯故障或电路故障	更换报警灯，检修电路
6	检查冷却液中是否有机油花	气缸垫或缸盖内油道泄漏	更换气缸衬垫
7	拆下油底壳检查机油吸油滤网是否堵塞	机油吸油滤网堵塞	清洗机油吸油滤网
8	检查机油泵主动齿轮、从动齿轮的间隙	机油泵齿轮间隙过大	更换机油泵总成
9	检查曲轴、连杆轴承间隙是否正常	曲轴、连杆轴承间隙过大	维修曲轴，更换曲轴连杆轴承瓦
10	正确操作后，检查故障是否出现	故障未消失	从其他症状查找故障原因

七、充电系统故障概览

充电系统故障概览见表 4-16。

表 4-16 充电系统故障概览

症状	可能的原因	措施
点火开关 ON 和发动机 OFF 时，充电警告灯不亮	熔丝断路	检查熔丝
	灯丝断路	更换灯泡
	导线连接松动	拧紧松动的连接处
	电压调节器故障	更换电压调节器
没有充电电压	发电机不能给蓄电池提供充电的电流	检查皮带，交流发电机和蓄电池之间的连接情况，按要求更换皮带、交流发电机或导线
发动机启动后，充电警告灯不熄灭（蓄电池应在充电状态）	驱动皮带松动或磨损	调节皮带张力或更换皮带
	蓄电池导线松动、腐蚀或磨损	检查导线连接状态，维修或更换导线
	熔丝断路	检查熔丝
	电压调节器或交流发电机故障	更换电压调节器或交流发电机
	导线	维修或更换导线
充电过高	电压调节器故障	更换电压调节器
	电压感测导线故障	维修或更换导线
充电不足	驱动皮带松动或磨损	调节皮带张力或更换皮带
	导线连接松动或电路短路	检查导线连接状态，维修或更换导线
	熔丝断路	检查熔丝
	电压调节器或交流发电机故障	更换电压调节器或交流发电机
	搭铁不良	检查搭铁或维修
	蓄电池损坏	更换蓄电池

八、稳定性关联故障概览

稳定性关联故障概览见表 4-17。

表 4-17 稳定性关联故障概览

故障表现	故障可能的部位及可能的原因	故障排除/措施
转向困难	轮胎充气不足或胎面损坏	充气或更换轮胎
	动力转向液液位低	添加转向液
	传动皮带松动	预紧或更换传动皮带
	前车轮定位不正确	调整前轮定位
	动力转向器横拉杆球头磨损	更换横拉杆球头
	下摆臂球头磨损	更换下摆臂球头
	前减振器上支座总成磨损	更换前减振器上支座总成
	转向管柱内轴卡滞	维修或更换转向管柱
	万向节磨损、锈蚀	润滑或更换机械转向管柱总成中间轴
	动力转向泵总成内部泄压或堵塞、泵叶片损坏	更换动力转向泵总成
	动力转向器内部泄压、控制阀或齿条卡滞或损坏	更换动力转向器
方向盘复位不良	轮胎充气不足	充气或更换轮胎
	前车轮定位不正确	调整前轮定位
	下摆臂球头卡滞	修理或更换下摆臂球头
	万向节锈蚀或卡滞	润滑或更换上、下中间轴总成
	转向管柱内轴卡滞	修理润滑或更换转向管柱
	动力转向器控制阀黏滞或齿条轴承预紧力过高、卡滞	清洗转向液压系统或修理、更换动力转向器
	前减振器上支座总成磨损	更换前减振器上支座总成

续表

故障表现	故障可能的部位及可能的原因	故障排除/措施
转向系统行程过大	转向器横拉杆松动	紧固或更换转向器横拉杆
	下摆臂球头磨损或松动	更换下摆臂球头
	前轮轴承磨损或松动	更换前轮轴承
	动力转向器转向横拉杆总成固定螺栓松动	紧固固定螺栓
	前减振器上支座总成磨损	更换前减振器上支座总成
噪声	动力转向液位低	添加转向液
	转向管柱内轴、轴承松动	修理或更换转向管柱
	万向节松旷	紧固或更换上、下中间轴总成
	动力转向器转向横拉杆总成固定螺栓松动	紧固固定螺母
	转向器横拉杆松动	紧固固定螺母或更换横拉杆球头
	动力转向器齿条轴承预紧力过松	更换动力转向器
	动力转向泵总成流量控制阀或泵叶片损坏	更换动力转向泵总成
方向盘反弹过大或转向器过松	动力转向系统有空气	对转向系统进行排空气
	动力转向器转向横拉杆总成的连接松旷	紧固连接螺母
	转向横拉杆球头松动	紧固或更换转向横拉杆球头
	前轮轴承磨损	更换前轮轴承
	动力转向器内部松动	修理或更换动力转向器转向横拉杆总成

续表

故障表现	故障可能的部位及可能的原因	故障排除/措施
甩尾或转向不稳	前轮定位不正确	调整前轮定位
	前悬架定位不准确	调整紧固前悬架部件
	车轮与轮胎不平衡	轮胎动平衡或更换轮胎、轮辋
	前轮轴承磨损松旷	更换前轮轴承
	减振弹簧断裂或疲软	更换减振弹簧
	前减振器座或轴承松旷	紧固或更换前支柱
	制动系统松动或工作不正常	检修制动系统
	后悬架定位不准确或松动	调整紧固后悬架部件
制动时转向不稳定	前悬架主销纵倾不均匀、不正确	检查、调整前悬架定位
	下摆臂松旷	紧固或更换下摆臂衬套
	制动盘变形	更换制动盘
	减振弹簧断裂或疲软	更换减振弹簧
	前或后轮轴承磨损松旷	更换前或后轮轴承
	制动系统制动力不均匀、不正确	检修制动系统
左或右偏移	不良车辆姿态（前部或后部过高或过低）	检查是否存在异常载荷，螺旋弹簧弯度过大或安装了非标准型弹簧
	不正确的车轮定位	检查车轮定位，必要时予以调整
	前副车架错误定位	使用专用工具和合适的垫圈，检查前副车架定位
	前轮轴承磨损	必要时检查并安装新的车轮轴承
	制动系统工作不正常	检查制动系统
	转向连杆工作不正常	进行转向连杆组件测试
	转向齿轮工作不正常	进行转向连杆组件测试
	车轮与轮胎不平衡	检查车轮和轮胎

续表

故障表现	故障可能的部位及可能的原因	故障排除/措施
方向盘偏心	不良车辆姿态（前部或后部过高或过低）	检查是否存在异常载荷，螺旋弹簧弯曲度过大或安装了非标准型弹簧
	不正确的车轮定位	检查车轮定位，必要时进行调整
	前悬架下控制臂球接头	进行球头检查组件测试
	转向连杆工作不正常	进行转向连杆组件测试
	转向齿轮工作不正常	进行转向连杆组件测试
振动	不正确的车轮定位	检查车轮定位，必要时进行调整
	车轮与轮胎工作不正常	检查车轮与轮胎。如有必要，平衡或安装新车轮和轮胎
	前轮轴承损坏或磨损	必要时检查并安装新的车轮轴承
	前支柱和弹簧总成	如有必要，检查并安装新悬架部件
	前悬架下控制臂损坏	如有必要，检查并安装新悬架部件
	转向连杆工作不正常	进行转向连杆组件测试。参见转向连杆组件测试
转向力过高/低	动力转向软管限制	检查动力转向软管是否损坏，纽结或受限制。如有必要，则安装新部件
	动力转向液压油受到污染	冲洗动力转向系统
	动力转向油充气	为动力转向系统放气
	转向齿轮地板密封接触情况	检查地板密封安装是否正确
	转向管柱工作不正常	①检查底板护盖是否妨碍转向小齿轮 ②检查地板密封安装是否正确 ③进行转向管柱万向接头组件测试
	转向连杆工作不正常	进行转向连杆组件测试
	转向齿轮工作不正常	进行转向连杆组件测试
	动力转向泵磨损	更换动力转向泵

续表

故障表现	故障可能的部位及可能的原因	故障排除/措施
噪声过度	动力转向操作噪声	进行动力转向操作噪声检查
	动力转向油充气	为动力转向系统放气
	动力方向盘线工作不正常	①检查动力方向盘线夹是否固定 ②检查动力方向盘线与车身、前轴横梁以及转向齿轮之间的间隙 ③检查转向齿轮传输管路与转向齿轮是否有间隙
	转向齿轮固定螺栓松动	必要时检查并安装新螺栓
	动力转向泵损坏	安装一个新的动力转向泵
	拉杆工作不正常	进行拉杆组件测试
转向不随轮速增加而变化	拉杆端磨损	如有必要,安装新部件
	前悬架轴衬磨损	如有必要,检查并安装新部件
	悬架球接头磨损	进行球头检查组件测试
	转向齿轮绝缘衬套磨损或毁坏	如有必要,检查并安装新部件
	转向齿轮固定螺栓松动	必要时检查并安装新的螺栓
	转向管柱固定螺栓松动	必要时检查并安装新的螺栓
	转向小齿轮固定螺栓与转向管柱的连接松动	必要时检查并安装新的螺栓
	转向齿轮背隙过大	进行转向连杆组件测试

九、转向柱和转向盘故障概览

表 4-18 可以帮助确定故障的原因及零部件,按表中数字降序排列来表示故障可能原因,按顺序检查零部件,必要时更换。

表 4-18 转向柱和转向盘故障

故障表现	序号	可能的部位	可能的原因	故障排除/措施
方向盘松动	1	方向盘固定螺母	方向盘固定螺母松动/损坏	紧固或更换螺母
	2	机械转向管柱总成系统的连接螺栓	机械转向管柱总成系统的连接螺栓松动/损坏	紧固或更换螺栓

181

续表

故障表现	序号	可能的部位	可能的原因	故障排除/措施
方向盘松动	3	万向节	万向节磨损	更换上、下中间轴总成
	4	方向盘花键套	方向盘花键套磨损	更换方向盘
	5	方向管柱花键轴	转向管柱花键轴磨损	更换方向管柱
	6	中间轴花键套/轴	中间轴花键套/轴磨损	更换上、下中间轴
	7	动力转向器带横拉杆总成	动力转向器带横拉杆总成磨损	更换动力转向器带横拉杆总成
机械转向管柱总成松动	1	机械转向管柱安装螺栓	机械转向管柱安装螺栓松动/损坏	紧固或更换
	2	机械转向管柱总成安装支座	机械转向管柱总成安装支座损坏	更换仪表台托架
	3	机械转向管柱总成	机械转向管柱总成损坏	更换机械转向管柱总成
机械转向管柱总成内有噪声	1	机械转向管柱总成安装螺栓	机械转向管柱总成安装螺栓松动/损坏	紧固或更换
	2	安全气囊时钟弹簧	安全气囊时钟弹簧松动/损坏	重新安装或更换时钟弹簧（更换滑环或方向盘）
	3	机械转向管柱总成系统的连接螺栓	机械转向管柱总成系统的接螺栓松动/损坏	紧固或更换螺栓
	4	机械转向管柱总成轴/轴承	机械转向管柱总成轴/轴承磨损	更换机械转向管柱总成
	5	万向节	中间轴万向节缺少润滑/磨损	涂抹润滑脂或更换
转向管柱倾角调节功能不正常	1	转向管柱倾斜锁止块	转向管柱倾斜锁止块卡住	清理杂质、除锈、润滑锁止块或更换转向管柱
	2	转向管柱倾角调节手柄	转向管柱倾角调节手柄松动/损坏	紧固固定螺母或更换把手
	3	转向管柱倾斜弹簧	转向管柱倾斜弹簧无力/损坏	重新安装或更换弹簧

续表

故障表现	序号	可能的部位	可能的原因	故障排除/措施
转向管柱倾角调节功能不正常	4	机械转向管柱总成倾斜枢轴	机械转向管柱总成倾斜枢轴锈蚀/损坏	除锈、润滑或更换机械转向管柱总成
机械转向管柱总成锁止困难/无法锁止	1	点火开关锁	点火开关锁发卡/损坏	除锈、润滑或更换点火开关
	2	点火开关锁销	点火开关锁销断裂/损坏	更换点火开关
	3	机械转向管柱总成内轴	机械转向管柱总成内轴损坏	更换机械转向管柱总成
机械转向管柱总成解锁困难/无法解锁	1	点火开关锁	点火开关锁发卡/损坏	除锈、润滑或更换点火开关
	2	点火钥匙	点火钥匙磨损/损坏	更换点火开关

十、电动助力转向系统故障

EPS 控制模块根据接收来自每个传感器和 CAN 通信（控制区或网络）的信息控制电机工作，转向辅助的控制比传统的发动机驱动液压系统更精确、准时。

1. 故障检查注意事项

EPS 系统的扭矩传感器、失效保护继电器等，一般置于转向柱和 EPS 总成内。不能分解转向柱和 EPS 总成来检查或更换部件。

电动助力转向系统故障检查注意事项见表 4-19。

表 4-19　电动助力转向系统故障检查注意事项

故障因素	检查项目	现象	说明	注意事项/措施
掉落、碰撞和超负荷	电机	噪声异常	①能出现可见或不可见损坏。使用曾掉落的部件会导致方向盘跑偏 ②电机的精确部件/ECU 感测震动和碰撞	①不要使用碰撞的 EPS ②不要超负荷每个部件
	ECU	电路损坏 ①焊接点损坏 ② PCB 损坏 ③精确部件损坏		

续表

故障因素	检查项目	现象	说明	注意事项/措施
掉落、碰撞和超负荷	扭矩传感器	转向力不足	输入轴超负荷导致扭矩传感器故障	①不要碰撞连接器部件（插入和扭转时）②使用专用工具拆卸方向盘（不要敲击）③不要使用碰撞的EPS
	轴	转向力不足（左右之间不均匀）		不要使用碰撞的EPS
拔出/凹进	线束	①电源工作故障 ②EPS故障	线束连接部分和线束之间分离	禁止线束超负荷
存储温度异常	电机/ECU	电机/ECU工作不正常，转向力异常	①正常情况下防水 ②即使少量的湿气可以导致电机/ECU精确部件故障	①存储时，保持正常温度和适当湿气 ②避免浸湿

2. 一般性检查

检查和维修EPS系统前后，如下述执行故障检修和检查程序。根据表4-20中的正常情况，比较系统状态。如果检查有异常现象，则根据情况维修和更换。

表4-20 电动动力转向一般性检查

测试条件	正常状态：电机不提供转向助力		
	症状	可能原因	措施
点火开关OFF	电机提供转向助力	点火开关电源	检查点火开关电源电路
测试条件	正常条件：电机不提供转向助力，警告灯亮		
	症状	可能原因	措施
点火开关ON/发动机OFF	电机提供转向助力	没有接收到EPS与CAN信号	检查CAN线路
	警告灯不亮	仪表盘故障	检查仪表盘和仪表盘线束

续表

测试条件	正常状态：电机提供转向助力，警告灯不亮		
	症状	可能原因	措施
点火开关ON/发动机ON	警告灯亮，电机不提供转向助力	EPS（常时电源）和点火开关电源	检查EPS（常时电源）的连接器和线束及点火开关电源电路
		检测出DTC	使用诊断仪完成自我检测，维修或更换
	警告灯亮，电机提供转向助力	EPS和仪表盘之间CAN通信故障	检查CAN线路

十一、液压制动故障概览

表4-21可以帮助确定故障的原因及零部件，按表中数字降序排列来表示故障可能原因，按顺序检查零部件，必要时更换。

表4-21 制动系统故障

故障表现	序号	可能的部位	可能的原因	故障排除/措施
踏板降低或踩下踏板发软（刹车软）	1	制动系统	制动系统进入空气	制动放气
	2	制动系统管路接头，密封性	制动液泄漏	视情况维修或更换
	3	活塞油封	制动泵活塞油封磨损或损坏	更换制动总泵或分泵
	4	后制动蹄间隙	后制动蹄间隙超出调整值	更换制动片
	5	制动总泵	制动总泵	更换
制动拖滞	1	制动踏板自由间隙	制动踏板自由间隙最小	视情况调整行程或更换制动片
	2	驻车制动杆行程	驻车制动杆行程超出调整值	视情况调整行程、驻车制动，或更换制动片
	3	驻车制动拉线	驻车制动拉线卡滞	视情况调整或更换
	4	后制动蹄间隙	后制动蹄间隙超出调整值	调整或更换制动片
	5	制动块或摩擦片	制动块或摩擦片裂纹或变形	更换
	6	活塞	活塞卡住或冻结	更换

续表

故障表现	序号	可能的部位	可能的原因	故障排除/措施
制动拖滞	7	支承销或回位弹簧	支承销或回位弹簧故障	更换
	8	助力器系统	真空助力器系统真空泄漏	维修或更换关联管路，更换助力泵
	9	总泵	总泵故障	更换
制动牵引	1	活塞	制动总泵或分泵活塞卡住	更换
	2	制动块或摩擦片	制动块或摩擦片有油污	更换
	3	活塞	活塞冻结	更换
	4	制动盘	制动盘划痕	更换
	5	制动块或摩擦片	制动块或摩擦片裂纹或变形	更换
踩踏板困难，制动无效	1	制动系统	制动系统制动油泄漏	视情况维修，或更换密封件
	2	制动系统	制动系统进入空气	系统排气
	3	制动块或摩擦片	制动块或摩擦片磨损	更换
	4	制动块或摩擦片	制动块或摩擦片裂纹或变形	更换
	5	后制动蹄间隙	后制动蹄间隙超出调整值	调整机构或更换制动片
	6	制动块或摩擦片	制动块或摩擦片有油污	更换
	7	制动块或摩擦片	制动块或摩擦片光滑	更换
	8	制动盘	制动盘划痕或太薄	更换
	9	助力器系统	助力器系统真空泄漏	维修或更换关联管路，更换助力泵
制动器发出噪声/异响	1	制动块或摩擦片	制动块或摩擦片裂纹或变形	更换
	2	安装螺栓	安装螺栓松动	更换并按力矩安装到位
	3	制动盘	制动盘划痕	更换或维修

186

续表

故障表现	序号	可能的部位	可能的原因	故障排除/措施
制动器发出噪音/异响	4	滑动销	滑动销磨损	更换
	5	制动块或摩擦片	制动块或摩擦片有油污	更换
	6	制动块或摩擦片	制动块或摩擦片光滑	更换
	7	支承销或回位弹簧	支承销或回位弹簧故障	视情况维修或更换
	8	制动块垫片	制动块垫片损坏	更换制动片
	9	制动蹄限位弹簧	制动蹄限位弹簧损坏	更换
制动器振动、跳动	1	制动助力器	制动助力器	更换
	2	踏板自由间隙	踏板自由间隙过大	视情况调整行程或更换制动片
	3	总泵	总泵	更换
	4	卡钳	卡钳	更换
	5	制动主缸盖密封	主缸盖密封	更换
	6	制动管	制动管损坏	更换

十二、离合器打滑故障概览

1. 离合器打滑故障（表4-22）

扫一扫

视频精讲

表4-22 离合器打滑故障

序号	检查步骤	检查结果/措施	
1	检查离合器踏板自由行程	离合器踏板自由行程过小，离合器打滑	调整离合器踏板自由行程
2	检查离合器液压系统是否堵塞或泄漏	离合器液压系统堵塞或泄漏，而导致压力过低	清洁制动液储液罐，清洁油液管路，更换堵塞或泄漏零件

续表

序号	检查步骤	检查结果/措施	
3	检查离合器从动盘总成是否摩擦过大;检查离合器盖总成、飞轮、离合器从动盘总成表面是否有油污	离合器从动盘总成磨损过大	更换离合器从动盘总成
		离合器从动盘总成表面沾有油污	清洁油污,更换离合器从动盘总成
4	检查离合器盖总成膜片弹簧是否损坏	离合器盖总成膜片弹簧损坏	更换离合器盖总成
5	正确操作后,检查故障是否出现	故障未消失	从其他症状查找故障

2. 离合器有噪声或异响故障(表4-23)

表4-23 离合器有噪声或异响故障

序号	检查步骤	检查结果/措施	
1	在不踏下离合器踏板时,是否有噪声或异响	离合踏板自由行程不够	调整离合器踏板自由行程
		摩擦片过度磨损	更换零件
2	在检查时踏下离合器踏板时有噪声或异响	分离轴承磨损或损坏	更换分离轴承
3	在起步时离合器半离合是否有噪声	分离轴承拨叉衬套损坏	更换分离轴承拨叉衬套
4	正确操作后,检查故障是否出现	故障未消失	从其他症状查找故障

十三、手动变速器故障概览

1. 换挡困难、换挡齿轮有噪声故障排除(表4-24)

表4-24 换挡困难、换挡齿轮有噪声故障排除

序号	检查步骤	检查结果/措施	
1	检查换挡杆拉索是否正常	选挡杆拉索阻力过大	更换选挡杆拉索

续表

序号	检查步骤	检查结果/措施	
2	检查选挡杆机构是否磨损	选挡杆机构内部球头间隙过大	更换选挡杆机构
3	检查离合器踏板自由行程	离合器踏板自由行程过大	调整离合器踏板自由行程
4	检查离合器液压系统是否漏油或产生气堵	离合器液压系统漏油、离合器液压系统产生气堵	修复或更换漏油零件、对液压系统排气
5	检查离合器从动盘总成是否正常	离合器从动盘总成花键不正常磨损、摩擦片接触面严重不平整	更换离合器从动盘总成，检查飞轮、离合器盖总成平面是否平整，并进行更换
6	检查同步器、同步环是否损坏	同步器、同步环损坏	更换同步器、同步环
7	检查换挡拨叉轴内互锁销平面是否损坏、有毛刺	换挡拨叉轴互锁销表面不平，有毛刺	更换互锁销
8	正确操作后，检查故障是否出现	故障未消失	从其他症状查找故障

2. 变速器内部噪声过大或异常排除（表4-25）

表4-25　变速器内部噪声过大或异常故障排除

序号	检查步骤	检查结果/措施	
1	检查变速器油油位是否正常	变速器液面过低，润滑不够	加注润滑油至规定位置
2	检查变速器内部是否有异物	变速器内部有铁屑	检查变速器内部壳体以及齿轮轴承是否损坏，并更换
3	检查输入、输出轴轴向位置和间隙是否正常	输入、输出轴轴向间隙过大	重新安装输入、输出轴上的齿轮，调整输入、输出轴上调整垫片
4	检查输入、输出轴前后轴承是否正常	输入、输出轴轴承磨损过大	更换输入、输出轴轴承

189

续表

序号	检查步骤	检查结果/措施	
5	检查输入、输出轴齿面是否磨损过大，齿轮齿面是否有毛刺	输入、输出轴齿轮磨损过大	更换输入、输出轴齿轮
6	正确操作后，检查故障是否出现	故障未消失	从其他症状查找故障

3.油封渗油故障排除（表4-26）

表4-26 油封渗油故障排除

序号	检查步骤	检查结果/措施	
1	检查差速器油封是否过度磨损	差速器油封过度磨损	更换差速器前后油封
2	检查驱动轴表面是否磨损	驱动轴表面有毛刺、驱动轴表面损坏	更换带外花键的万向节壳体
3	检查差速器油封密封胶是否均匀	差速器油封密封胶涂抹不均匀	更换差速器油封，重新安装差速器油封
4	检查差速器轴承是否损坏	差速器轴承损坏	更换差速器轴承
5	正确操作后，检查故障是否出现	故障未消失	从其他症状查找故障

4.轴承非正常磨损故障排除（表4-27）

表4-27 轴承非正常磨损故障排除

序号	检查步骤	检查结果/措施	
1	检查润滑油中是否有金属杂质	润滑油内有大量金属杂质	更换变速器润滑油
2	检查润滑油是否符合要求	润滑油黏度过稀、润滑油型号不符	更换变速器润滑油
3	检查轴承是否为原厂配件	轴承非原厂配件	更换原厂配件

续表

序号	检查步骤	检查结果/措施	
4	检查输入、输出轴轴承是否压装到位	输入、输出轴轴承未压装到位	更换轴承,重新压装
5	正确操作后,检查故障是否出现	故障未消失	从其他症状查找故障

5. 行驶中脱挡故障排除(表 4-28)

表 4-28 行驶中脱挡故障排除

序号	检查步骤	检查结果/措施	
1	目视检查换挡杆操纵机构是否正常	换挡杆操纵机构球头间隙过大	更换换挡杆操纵机构球头
2	检查自锁销内钢球弹力是否正常	自锁销内钢球弹力过小	更换自锁销
3	检查同步器滑块内弹簧压力是否正常	同步器滑块内弹簧压力过小	更换同步器滑块
4	检查同步器齿套磨损是否正常	同步器齿套磨损过大	更换同步器齿套
5	正确操作后,检查故障是否出现	故障未消失	从其他症状查找故障

十四、自动变速器故障概览

1. 电气故障(表 4-29)

表 4-29 电气故障

故障表现	可能的原因/部件
不能加挡(一挡→二挡)	ECM
不能加挡(二挡→三挡)	ECM
不能加挡(三挡→四挡)	变速器控制开关电路
	ECM

续表

故障表现	可能的原因/部件
不能减挡（四挡→三挡）	ECM
不能减挡（三挡→二挡）	ECM
不能减挡（二挡→一挡）	ECM
不能锁止或不能解除锁止	ECM
换挡点过高或过低	ECM
在发动机冷机时，从三挡加挡至四挡	发动机冷却液温度传感器电路
	ECM
换挡杆置于S位置时，将挡位切换到"+"或时挡位不改变	变速器控制开关电路
	换挡拨板装置电路
	ECM
将拨板装置切换到"+"或"-"时挡位不改变	换挡拨板装置电路
	变速器控制开关电路
	ECM
接合生硬（N→D）	ECM
接合生硬（锁止）	ECM
接合生硬（任何行驶挡位）	ECM
加速表现不佳	ECM
启动或停车时发动机失速	ECM
换挡故障	驻车/空挡位置开关电路
	ECM

2. 内部故障（表4-30）

表4-30　内部故障

故障表现	可能的原因/部件
在任一前进挡和倒挡位置时车辆都不移动	手动阀

续表

故障表现	可能的原因/部件
在任一前进挡和倒挡位置时车辆都不移动	阀体总成
	前、后行星齿轮
	行星齿轮
	单向离合器（F2）
	前进挡离合器（C1）
	制动器（B3）
在R位置时车辆无法移动	前、后行星齿轮组
	行星齿轮组
	直接挡离合器（C2）
	制动器（C3）
	一挡和倒挡制动器（B2）
不能加挡（一挡→二挡）	阀体总成
	1号单向离合器（F1）
	二挡制动器（B1）
不能加挡（二挡→三挡）	阀体总成
	直接挡离合器（C2）
不能加挡（三挡→四挡）	阀体总成
	离合器（C3）
不能减挡（四挡→三挡）	阀体总成
不能减挡（三挡→二挡）	阀体总成
不能减挡（二挡→一挡）	阀体总成
不能锁止或不能解除锁止	阀体总成
	变矩器总成

续表

故障表现	可能的原因/部件
接合生硬（N→D）	阀体总成
	前进挡离合器（C1）
	单向离合器（F2）
	1号单向离合器（F1）
接合生硬（N→R）	阀体总成
	直接挡离合器（C2）
	一挡和倒挡制动器（B2）
接合生硬（锁止）	阀体总成
	变矩器总成
接合生硬（二挡→三挡）	阀体总成
接合生硬（三挡→四挡）	阀体总成
接合生硬（四挡→三挡）	阀体总成
侧滑或打颤（前进挡位置：暖机后）	滤油网
	变矩器总成
	前进挡离合器（C1）
	直接挡离合器（C2）
	制动器（C3）
	1号单向离合器（F1）
	单向离合器（F2）
侧滑或打颤（R位置）	滤油网
	直接挡离合器（C2）
	一挡和倒挡制动器（B2）
侧滑或打颤（一挡）	1号单向离合器（F1）
侧滑或打颤（二挡）	单向离合器（F2）
	二挡制动器（B1）
侧滑或打颤（三挡）	直接挡离合器（C2）

续表

故障表现	可能的原因/部件
侧滑或打颤（四挡）	离合器（C3）
无发动机制动（一挡→三挡：D位置）	制动器（B3）
无发动机制动（一挡：L位置）	一挡和倒挡制动器（B2）
无发动机制动（二挡：2位置）	二挡制动器（B1）
加速表现不佳（所有换挡杆位置）	变矩器总成
加速表现不佳（所有换挡杆位置）	行星齿轮
加速表现不佳（四挡）	离合器（C3）
加速表现不佳（四挡）	行星齿轮
启动或停车时换挡冲击较大或发动机失速	变矩器总成
不能降挡	阀体总成

十五、空调系统制冷量不足故障

空调系统制冷量不足故障见表4-31。

表4-31 空调系统制冷量不足故障

故障现象	可能的故障原因	维修方案/措施
发动机冷却液温度过高	（1）发动机怠速运行时间过长 （2）发动机长时间、大负荷运转 （3）冷却液不足 （4）冷却液性能不符合要求 （5）节温器故障 （6）发动机工作不良 （7）冷却风扇运行异常 （8）冷却风扇不工作 （9）水箱散热不良 （10）冷却风扇聚风罩损坏	（1）减少发动机怠速运转时间 （2）减少发动机大负荷运转时间 （3）检修冷却液泄漏情况，添加冷却液量至标准值 （4）更换符合厂家要求的冷却液 （5）更换节温器 （6）检修发动机冷却系统 （7）检修发动机工作状况 （8）检修冷却风扇电机及其线路，必要时更换 （9）清洁冷却水箱 （10）检修冷却水箱，必要时更换 （11）检修冷却风扇聚风罩，必要时更换

续表

故障现象	可能的故障原因	维修方案/措施
冷凝器温度过高	(1) 冷凝器散热不良 (2) 发动机水温过高	(1) 清洁冷凝器 (2) 检修冷凝器，必要时更换 (3) 按本表的"发动机水温过高"症状进行维修
压缩机运转异常	(1) 压缩机皮带打滑 (2) 压缩机离合器打滑 (3) 压缩机异响 (4) 压缩机频繁启动 (5) 压缩机不工作	(1) 调整压缩机皮带，必要时更换 (2) 检修压缩机离合器，必要时更换 (3) 检查制冷剂、润滑油量，参见本表的"空调系统压力异常"症状进行维修 (4) 检修压缩机离合器线路 (5) 检修压缩机，必要时更换 (6) 检修空调压力开关，必要时更换 (7) 检修空调控制模块，必要时更换 (8) 检修发动机控制模块，必要时更换
仪表台出风口出风量过小	(1) 仪表台出风口堵塞 (2) 仪表台出风口风道漏风 (3) 风向控制机构异常 (4) 风向控制电机异常 (5) 鼓风机转速低 (6) 鼓风机调速模块异常 (7) 空调管路结冰 (8) 空调控制模块异常	(1) 清理仪表台出风口，必要时更换 (2) 检修仪表台出风口风道，必要时更换 (3) 检修风向控制机构 (4) 检修风向控制电机 (5) 检修线路 (6) 检修鼓风机电机，必要时更换 (7) 更换鼓风机调速模块 (8) 更换符合厂家标准的制冷剂 (9) 更换膨胀阀 (10) 检修空调控制模块线路，必要时更换模块
仪表台出风口出风温度过高	(1) 被切换到外循环 (2) 环境温度过高 (3) 外循环风门卡滞关闭不严 (4) 内外循环电机故障 (5) 温度控制机构异常 (6) 温度控制电机异常 (7) 光照传感器异常 (8) 空调控制模块异常	(1) 切换到内循环 (2) 车辆移到阴凉的地方 (3) 调整外循环风门机械机构，必要时更换内外循环风门机械机构 (4) 更换内外循环调节电机 (5) 检修温度控制电机，必要时更换 (6) 检修光照传感器，必要时更换 (7) 检修空调控制模块线路，必要时更换模块
空调高压压力偏高，低压偏高	(1) 制冷系统中有空气 (2) 制冷剂加注过多 (3) 制冷剂润滑油加注过多 (4) 膨胀阀开度过大	(1) 检修制冷系统管路的密闭性，重新加注制冷剂 (2) 排放过多的制冷剂 (3) 排放过多的制冷剂润滑油 (4) 更换膨胀阀

续表

故障现象	可能的故障原因	维修方案/措施
空调高压压力偏高，低压偏低	（1）膨胀阀之前的高压管堵塞 （2）膨胀阀堵塞 （3）膨胀阀开度过小	（1）清洗或更换堵塞的高压管 （2）更换膨胀阀
空调高压压力偏低，低压偏高	（1）压缩机缺油 （2）压缩机损坏	（1）补充压缩机制冷剂润滑油 （2）更换压缩机
空调高压压力偏低，低压偏低	（1）制冷剂加注量不足 （2）制冷剂泄漏	（1）按厂家规定的标准加注空调制冷剂 （2）检修空调系统泄漏状况，更换泄漏的空调系统元件
空调高压压力偏低，低压真空	（1）膨胀阀严重脏堵 （2）膨胀阀冰堵 （3）蒸发器温度传感器故障 （4）低压管路泄漏	（1）更换膨胀阀 （2）延长系统抽真空时间，加注符合厂家规定标准的空调制冷剂 （3）更换储液干燥器 （4）更换蒸发器温度传感器 （5）清洗或更换堵塞的低压管

十六、空调系统制暖气不足故障

空调系统制暖气不足故障见表4-32。

表4-32 空调系统制暖气不足故障

症状/故障现象	可能的故障部位/原因	维修方案/措施
发动机冷却液温度未达到82℃	（1）节温器故障 （2）发动机运行时间不足 （3）冷却系统中有空气 （4）发动机工作不良	（1）延长发动机的运行时间 （2）排空冷却系统的空气 （3）更换节温器 （4）检修发动机工况
冷暖风门漏风	（1）冷暖风门机构机械故障 （2）冷暖风门电机故障 （3）出风风道漏风 （4）空调控制模块故障	（1）调整冷暖风门机构 （2）更换冷暖风调节电机 （3）更换冷暖风门机械机构 （4）修复漏风风道 （5）更换漏风风道 （6）更换空调控制模块

续表

症状/故障现象	可能的故障部位/原因	维修方案/措施
内外循环风门漏风	(1) 被切换到外循环 (2) 外循环风门卡滞，关闭不严 (3) 内外循环电机故障 (4) 空调控制模块故障	(1) 切换到内循环 (2) 调整外循环风门机构 (3) 更换内外循环调节电机 (4) 更换内外循环风门机械机构 (5) 更换空调控制模块

十七、空调制冷系统压力故障

当空调运行时检查制冷剂的压力，可以掌握故障的区域或原因。因此，它对确定合适的值及诊断故障非常重要。空调制冷系统压力故障见表4-33。

表4-33 空调制冷系统压力故障

压力表显示	故障现象	可能的原因	维修方案/措施
高压侧和低压侧的压力都太高	向冷凝器上喷洒水后压力很快恢复正常	过量加注制冷剂	收集所有制冷剂，再次排空制冷循环，然后重新注入规定量的制冷剂
	冷凝器的气流不足	冷凝器制冷性能不足 (1) 散热器和冷凝器的风扇转动不良 (2) 空气导管安装不当 (3) 冷凝器散热片堵塞或变脏	(1) 维修或更换故障零件 (2) 清洁和修理冷凝器散热片
	压缩机停止工作后，高压读数迅速降低至约196 kPa，然后逐渐降低	制冷循环中混有空气	收集所有制冷剂，再次排空制冷循环，然后重新注入规定量的制冷剂
	(1) 低压管的温度低于蒸发器出口的温度 (2) 低压管结霜	膨胀阀打开过度（制冷剂流量过大）	更换膨胀阀

续表

压力表显示	故障现象	可能的原因	维修方案/措施
高压侧压力过高，低压侧压力太低 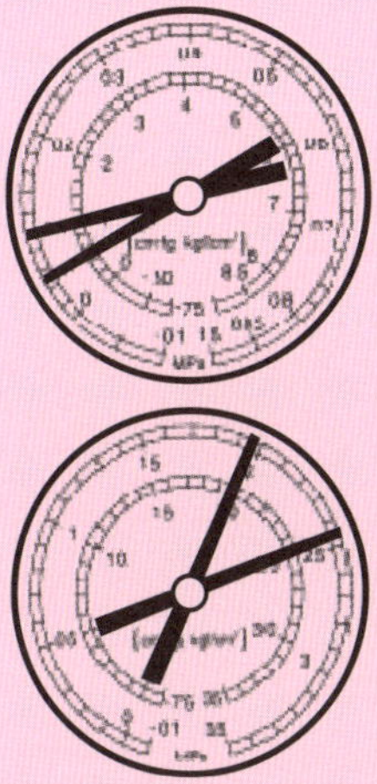	高压管和冷凝器上侧变热，但是储液罐没那么热	压缩机和冷凝器之间的高压管堵塞或损坏	修理或更换故障零件
高压侧压力过低，低压侧压力太高 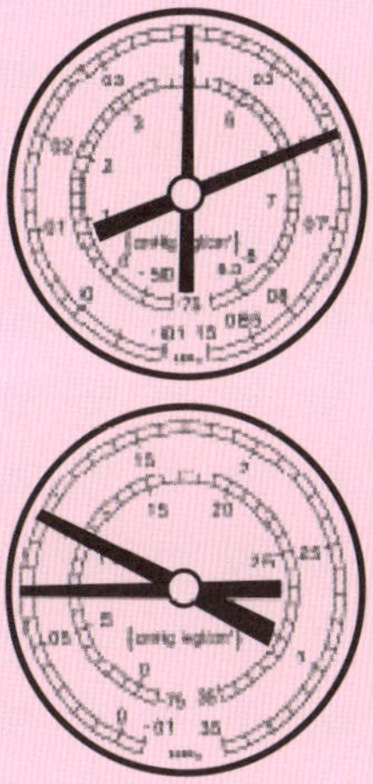	（1）压缩机工作停止后，两侧的读数很快相等 （2）高压侧和低压侧的温度没有差异	压缩机系统故障（压缩机加压操作不足） （1）阀门损坏或断裂 （2）故障衬垫	更换压缩机

扫一扫

视频精讲

续表

压力表显示	故障现象	可能的原因	维修方案/措施
高压侧和低压侧的压力都太低	（1）蒸发器出口附近不变冷 （2）蒸发器进口附近结霜	膨胀阀堵塞 （1）温度传感器断裂 （2）被异物堵塞	清除膨胀阀中的异物，或者进行更换
	（1）储液罐出口管和进口管附近之间有温差 （2）储液罐结霜	内储液罐故障（集滤器堵塞）	更换冷凝器和储液罐总成
	蒸发器结霜	低压管堵塞或损坏	修理或更换故障零件
		进气传感器故障	进气传感器
	制冷剂循环的高压管和低压管之间有小温差	（1）制冷剂不足 （2）制冷剂泄漏	（1）检查是否有泄漏 （2）收集所有制冷剂，再次排空制冷循环，然后重新注入规定量的制冷剂
低压侧有时变成负压	（1）有时蒸发器出口附近不变冷 （2）有时蒸发器进口附近结霜	（1）因冷却器循环中混有水而导致结冰 （2）储液罐的风干机损坏	（1）收集所有制冷剂 （2）完全排空制冷剂循环，然后重新注入规定量的制冷剂。此时，务必更换冷凝器和储液罐总成

十八、空调系统噪声和异响故障

空调系统噪声和异响故障见表4-34。

表4-34 空调系统噪声和异响故障

故障现象	可能的故障部件	可能的原因	维修方案/措施
空调打开时，压缩机噪声异常	压缩机内部	内部零件磨损、断裂或异物堵塞	检查压缩机油
	电磁离合器	离合器盘与皮带轮接触	检查离合器盘和皮带轮之间的空隙
	压缩机机身	压缩机装配螺栓松动	检查螺栓有无松动
冷却器管路噪声异常	冷却器管路（管道和软管）	夹子和支架安装不当	检查冷却器管路安装状况
空调打开时，膨胀阀噪声异常	膨胀阀	制冷剂不足	(1) 检查是否有泄漏 (2) 收集所有制冷剂，再次排空制冷循环，然后重新注入规定量的制冷剂
		内部零件磨损、断裂或异物堵塞	清除膨胀阀中的异物，或者进行更换
皮带噪声异常	—	皮带松动	检查皮带的张紧度
		内部压缩机部件锁定	更换压缩机

十九、车外后视镜故障

1. 车外后视镜开关故障检测（表4-35）

表4-35 车外后视镜开关故障检测

检测条件	检测方法
搭铁电路端子5和搭铁之间的电阻是否小于10Ω	将点火开关置于"OFF（关闭）"位置，所有车辆系统关闭，断开车外后视镜开关的线束连接器 测试搭铁电路端子5和搭铁之间的电阻是否小于10Ω
如果等于或大于10Ω	将点火开关置于"OFF（关闭）"位置 测试搭铁电路端对端的电阻是否小于2Ω 如果等于或大于2Ω，则修理电路中的开路/电阻过大 如果小于2Ω，则修理搭铁连接中的开路/电阻过大

续表

检测条件	检测方法
如果小于10Ω	确认B+电路端子和搭铁之间的测试灯点亮
如果测试灯未点亮且电路熔丝完好	将点火开关置于"OFF（关闭）"位置，拆下测试灯
	测试点火电路端对端的电阻是否小于2Ω
	如果等于或大于2Ω，则修理电路中的开路/电阻过大 如果小于2Ω，则确认熔丝未熔断且熔丝有电压
如果测试灯未点亮且电路熔丝熔断	将点火开关置于"OFF（关闭）"位置，拆下测试灯
	测试B+电路和搭铁之间的电阻是否为无穷大
	如果电阻不为无穷大，则修理电路上的对搭铁短路故障
如果电阻为∞	测试信号电路和搭铁之间的电阻是否为无穷大
	如果电阻不为无穷大，则修理电路上的对搭铁短路故障 如果电阻无穷大，则更换后视镜开关
如果测试灯点亮	更换后视镜开关

2. 驾驶员侧车外后视镜移动故障（表4-36）

表4-36　驾驶员侧车外后视镜移动故障

检测条件	检测方法
开关"向上"和"向下"状态时，确认测试灯点亮	将点火开关置于"OFF（关闭）"位置，断开驾驶员侧车外后视镜处的线束连接器。将点火开关置于"ON（打开）"位置
	在控制电路端子8和控制电路端子2之间连接一个测试灯
	开关"向上"和"向下"状态时，确认测试灯点亮
如果在任何一种控制中测试灯保持熄灭	将点火开关置于"关闭"位置，拆下测试灯，断开车外后视镜开关处的线束连接器
	测试各个控制电路和搭铁之间的电阻是否为∞
	如果电阻不为∞，则修理电路上的对搭铁短路故障
	如果电阻为∞，则测试各控制电路端到端电阻是否小于2Ω
	如果等于或大于2Ω，则修理电路中的开路/电阻过大 如果小于2Ω，则更换车外后视镜开关

续表

检测条件	检测方法
如果测试灯始终点亮	将点火开关置于"关闭"位置，拆下测试灯，断开车外后视镜开关处的线束连接器，再将点火开关置于"打开"位置
	测试各控制电路和搭铁之间的电压是否低于1V
	如果等于或大于1V，则修理电路上的对电压短路 如果低于1V，则更换"车外后视镜开关"
如果在其中一种控制中测试灯点亮	在控制电路端子7和控制电路端子8之间连接一个测试灯
	当用故障诊断仪指令"向左"和"向右"状态时，确认测试灯点亮
如果在任何一种控制中测试灯保持熄灭	将点火开关置于"关闭"位置，拆下测试灯，断开车外后视镜开关处的线束连接器
	测试各个控制电路和搭铁之间的电阻是否为∞
	如果电阻不为∞，则修理电路上的对搭铁短路故障
	如果电阻为∞，则测试各控制电路端到端电阻是否小于2Ω
	如果等于或大于2Ω，则修理电路中的开路/电阻过大 如果小于2Ω，则更换车外后视镜开关
如果测试灯始终点亮	将点火开关置于"OFF（关闭）"位置，拆下测试灯，断开车外后视镜开关处的线束连接器，再将点火开关置于"ON（打开）"位置
	测试各控制电路和搭铁之间的电压是否低于1V
	如果等于或大于1V，则修理电路上的对电压短路 如果低于1V，则更换"车外后视镜开关"
如果在其中一种控制中测试灯点亮	测试或更换驾驶员侧车外后视镜电机

二十、电动门锁故障

1. 目视检查

❶ 检查可能影响中控门锁系统操作的售后加装装置。

❷ 检查易于接触或能够看到的系统部件，以查明其是否有明显损坏或存在可能导致故障的情况。

❸ 如果所有门锁操作都失效，应先检查电源供给或接地电路处的接触

不良或断路故障。

2. 故障列表

电动门锁故障见表 4-37。

表 4-37　电动门锁故障

故障表现	可能的故障原因	故障排除/措施
机械钥匙不能锁/开车门	(1) 中控锁的电源故障 (2) 左前门锁机内的开/闭锁开关接触不良 (3) 线束插头接触不良 (4) 相关接地点接触不良 (5) 线束故障 (6) 中控锁电机故障 (7) BCM 故障	(1) 检修电源线路 (2) 检修线束、插头 (3) 检修接地点故障 (4) 更换门锁电机总成 (5) 检修 BCM，必要时更换 BCM
中控锁开关不能锁/开车门	(1) 中控锁的电源故障 (2) 左前玻璃升降开关总成上的中控锁开关故障 (3) 线束插头接触不良 (4) 相关接地点接触不良 (5) 线束故障 (6) 中控锁电机故障 (7) BCM 故障	(1) 检修电源线路 (2) 检修线束、插头 (3) 检修接地点故障 (4) 检修左前门玻璃升降开关 (5) 更换门锁电机总成 (6) 检修 BCM，必要时更换 BCM
只有左前门锁不能锁/开车门	(1) 中控锁的电源故障 (2) 左前门锁线束插头接触不良 (3) 左前门锁接地点接触不良 (4) 线束故障 (5) 左前门中控锁电机故障 (6) BCM 故障	(1) 检修电源线路 (2) 检修线束、插头 (3) 检修接地点故障 (4) 更换门锁电机总成 (5) 检修 BCM，必要时更换 BCM
遥控器不能锁/开车门	(1) 电源电压不足 (2) 线束插头接触不良 (3) 相关接地点接触不良 (4) 线束故障 (5) 中控锁电机接触开关故障 (6) BCM 故障	(1) 检修电源线路 (2) 检修线束、插头 (3) 检修接地点故障 (4) 更换门锁电机总成 (5) 检修 BCM，必要时更换 BCM

续表

故障表现	可能的故障原因	故障排除/措施
车门锁在行车中出现跳动	（1）门锁机械机构故障 （2）线束插头接触不良 （3）相关接地点接触不良 （4）线束故障 （5）中控锁电机接触开关故障 （6）BCM 故障	（1）调整门锁机械机构，必要时更换门锁机构 （2）检修线束、插头 （3）检修接地点故障 （4）更换门锁电机总成 （5）检修 BCM，必要时更换 BCM

二十一、仪表故障概览

仪表故障概览见表 4-38。

表 4-38　仪表故障概览

故障表现	可能的原因	排除/措施
车速表不工作	仪表盘熔丝熔断	检查是否短路并更换熔丝
	车速表故障	检查车速表
	车速传感器故障	检查车速传感器
	导线或搭铁故障	处理导线或搭铁
转速表不工作	仪表盘熔丝熔断	检查是否短路并更换熔丝
	转速表故障	检查转速表
	导线或搭铁故障	处理导线或搭铁
燃油量表不工作	仪表盘熔丝熔断	检查是否短路并更换熔丝
	燃油表故障	检查仪表
	燃油传感部故障	检查燃油传感部
	导线或搭铁故障	处理导线或搭铁
燃油量低警告灯不亮	仪表盘熔丝熔断	检查是否短路并更换熔丝
	LED 熔断	更换仪表盘

续表

故障表现	可能的原因	排除/措施
燃油量低警告灯不亮	燃油传感部故障	检查燃油传感部
	导线或搭铁故障	必要时维修
水温表不工作	仪表盘熔丝熔断	检查是否短路并更换熔丝
	水温表故障	检查仪表
	水温传感部故障	检查传感器
机油压力警告灯不亮	仪表盘熔丝熔断	检查是否短路并更换熔丝
	灯泡烧坏	更换灯泡
	机油压力开关故障	检查开关
	导线或搭铁故障	处理导线或搭铁
驻车制动警告灯不亮	仪表盘熔丝熔断	检查是否短路并更换熔丝
	LED熔断	更换仪表盘
	制动油位警告开关故障	检查开关
	驻车制动开关故障	检查开关
	导线或搭铁故障	处理导线或搭铁
开启车门警告灯和后备厢盖警告灯不亮	室内灯熔丝熔断	检查是否短路并更换熔丝
	LED熔断	更换仪表盘
	车门开关故障	检查开关
	导线或搭铁故障	必要时维修
安全带警告灯不亮	仪表盘熔丝熔断	检查是否短路并更换熔丝
	LED熔断	更换仪表盘
	座椅安全带开关故障	检查开关
	导线或搭铁故障	处理导线或搭铁

二十二、安全气囊系统故障概览

1. 正面碰撞检查（表 4-39）

表 4-39　正面碰撞检查

零部件	SRS 已启动	SRS 未启动
气囊模块（驾驶员侧和乘客座前气囊模块）	（1）更换新的气囊模块 （2）检查气囊模块固定螺栓是否有损坏，如果有损坏需予以换新 （3）检测驾驶座前气囊模块固定螺栓锁紧扭力	（1）拆下气囊模块，检查线束外盖与接头是否损坏，端子是否变形，线束是否熔黏 （2）将驾驶座前气囊模块装入方向盘中，检查驾驶座前气囊模块与方向盘的装配情况和对正情况 （3）将乘客座前气囊模块安装到仪表板总成，检查乘客座前气囊模块与仪表板总成的装配情况和对正情况 （4）若有损坏，则更换气囊模块 （5）检查气囊模块固定螺栓是否有损坏，若有损坏需予以换新 （6）检测驾驶座前气囊模块固定螺栓锁紧扭力 （7）检测乘客座侧气囊模块固定螺栓锁紧扭力
座椅安全带预张紧器	（1）更换新的座椅安全带预张紧器 （2）检查座椅安全带预张紧器固定螺栓是否有损坏，若有损坏需予以换新 （3）检测座椅安全带预张紧器固定螺栓锁紧扭力	（1）拆下座椅安全带预张紧器。检查线束外盖与接头是否损坏，端子是否变形、线束是否熔黏 （2）检查安全带是否损坏，并检查座椅安全带预张紧器是否松动 （3）检查收缩是否作用平顺 （4）检查座椅安全带高度调整器是否损坏 （5）如果没有发现损坏，则重新安装座椅安全带预张紧器 （6）若有损坏，则更换座椅安全带预张紧器 （7）检查座椅安全带预张紧器固定螺栓是否有损坏，若有损坏需予以换新 （8）检测座椅安全带预张紧器固定螺栓锁紧扭力
驾驶座安全带腰部预张紧器	（1）更换新的驾驶座安全带腰部预张紧器 （2）检查驾驶座安全带腰部预张紧器固定螺栓是否有损坏，若有损坏需予以换新 （3）检测驾驶座安全带腰部预张紧器固定螺栓锁紧扭力	（1）拆下驾驶座安全带腰部预张紧器。检查线束外盖与接头是否损坏，端子是否变形、线束是否熔黏 （2）检查安全带是否损坏，并检查驾驶座安全带腰部预张紧器是否松动 （3）如果没有发现损坏，则重新安装座椅安全带预张紧器 （4）若有损坏，则更换座椅安全带预张紧器 （5）检查驾驶座安全带腰部预张紧器固定螺栓是否有损坏，若有损坏需予以换新 （6）检测驾驶座安全带腰部预张紧器固定螺栓锁紧扭力

续表

零部件	SRS 已启动	SRS 未启动
气囊控制模块	（1）更换新的气囊控制模块 （2）检查气囊控制模块固定螺母是否有损坏，若有损坏需予以换新 （3）检测气囊控制模块固定螺母锁紧扭力	（1）检查外壳是否有凹陷、裂痕或变形 （2）检查接头是否有损坏，端子是否变形 （3）如果有损坏，则更换气囊控制模块 （4）检查气囊控制模块固定螺母是否有损坏，若有损坏需予以换新 （5）检测气囊控制模块固定螺母锁紧扭力
螺旋电缆	更换新的螺旋电缆	（1）目视检查螺旋电缆与组合开关是否损坏 （2）检查接头、线束和端子是否损坏 （3）检查方向盘是否有噪声、咬死或操作沉重 （4）如果没有发现损坏，请重新安装螺旋电缆 （5）如果有损坏，则更换螺旋电缆
方向盘		（1）目视检查方向盘是否变形 （2）检查线束（方向盘内部）与接头是否损坏，端子是否变形 （3）将驾驶座前气囊模块装入方向盘中，检查与方向盘的装配情况和对正情况 （4）检查方向盘游隙是否过大 （5）如果没有发现损坏，则重新安装方向盘 （6）如果有损坏，则更换方向盘 （7）检查方向盘固定螺母是否有损坏，如果有损坏需予以换新 （8）检测方向盘固定螺母锁紧扭力

2. 侧面碰撞检查（表 4-40）

表 4-40 侧面碰撞检查

零部件	SRS 已启动	SRS 未启动
帘式气囊模块（左侧或右侧）	更换帘式气囊模块	（1）目视检查 B 柱碰撞端是否有明显损坏（凹陷、裂痕、变形） （2）如果有损坏，拆下帘式气囊模块 （3）目视检查帘式气囊模块是否损坏、撕裂等 （4）检查线束和接头是否损坏，端子是否变形 （5）如果没有发现损坏，请使用新的固定螺栓重新安装帘式气囊模块 （6）如果有损坏，请更换新的帘式气囊模块及固定螺栓
侧边气囊模块（左侧或右侧）	更换前排椅总成	（1）检查碰撞侧的座椅椅背是否有损坏情形（凹陷、裂痕、变形） （2）检查线束和接头是否损坏，端子是否变形 （3）如果有损坏，更换前排椅总成

续表

零部件	SRS 已启动	SRS 未启动
侧边撞击传感器	更换新的侧边撞击传感器及固定螺栓	（1）拆下碰撞侧的侧边撞击传感器。检查线束接头是否损坏、端子是否变形、线束是否熔黏 （2）目视检查侧边撞击传感器是否有明显的损坏（凹陷、裂痕、变形） （3）安装侧边撞击传感器，检查其装配固定性 （4）如果没有发现损坏，则以新的固定螺栓重新安装 （5）如果有损坏，则将侧边撞击传感器及固定螺栓以新品更换
气囊控制模块	（1）更换新的气囊控制模块 （2）检查气囊控制模块固定螺母是否有损坏，若有损坏需予以换新 （3）检测气囊控制模块固定螺母锁紧扭力	（1）检查外壳是否有凹陷、裂痕或变形 （2）检查接头是否损坏，端子是否变形 （3）若有损坏，则更换气囊控制模块 （4）检查气囊控制模块固定螺母是否损坏，若损坏需予以换新 （5）检测气囊控制模块固定螺母锁紧扭力
座椅安全带预张紧器	（1）检查安全带是否能够顺利的伸缩 如果安全带不能够顺利伸缩时： ①检查 B 柱内部是否有损坏 ②如果 B 柱内部没有损坏，则更换座椅安全带预张紧器 （2）拆下碰撞侧的座椅安全带预张紧器，检查线束外盖与接头是否损坏、端子是否变形及线束是否熔黏 （3）检查座椅安全带预张紧器是否有明显的损坏迹象（凹陷、裂痕或变形） （4）检查座椅安全带高度调整器是否有损坏情形 （5）如果没有发现损坏，则重新安装座椅安全带预张紧器 （6）如果有损坏，则更换座椅安全带预张紧器	
B 柱内侧	（1）检查碰撞侧的 B 柱内侧是否有损坏（凹陷、裂痕或变形） （2）如果有损坏情形，则修理 B 柱内侧	
饰板／车顶内衬	（1）目视检查碰撞侧内装饰板是否有明显的损坏迹象（凹陷、裂痕或变形） （2）如果有损坏情形，则更换损坏的饰板零件	

扫一扫

视频精讲

第五章

不断"充电"
——巩固汽修技能

一、点火系统如何实现点火

电子点火系统产生并控制高能量的次级火花。在精确的时刻,此火花可点燃压缩的空气和燃油混合气。提供最佳的性能、燃油经济性和废气排放控制。点火系统对各个气缸使用独立的线圈。点火线圈导线通过短的整体护罩或高张力导线连接至火花塞。点火系统相关运行原理见表5-1和图5-1。

表5-1 点火系统

电子点火系统	控制机理	重点
曲轮轴位置传感器	曲轴位置传感器与曲轴上的磁阻轮(前部安装曲轴位置传感器)或飞轮上的磁阻轮(后部安装曲轴位置传感器)一起工作。发动机控制模块监测曲轴位置传感器信号电路的电压频率。当每个磁阻轮齿转过传感器时,传感器产生一个数字开/关脉冲。该数字信号由发动机控制模块进行处理。这将创建一个信号模式,使发动机控制模块能够确定曲轴位置。仅根据曲轴位置信号,发动机控制模块就可以确定哪一对气缸正在接近上止点。使用凸轮轴位置传感器信号,确定这2个气缸中的哪个处于点火行程,哪个处于排气行程。发动机控制模块以此使点火系统、喷油器和爆震控制正确地同步。此传感器也用来检测缺火	发动机控制模块带有专用复制曲轴位置传感器信号输出电路,可以用作其他模块的输入信号,用以监测发动机转速

210

续表

电子点火系统	控制机理	重点
凸轮轴位置传感器	凸轮轴位置传感器是一个三线制霍尔效应型传感器。发动机控制模块向凸轮轴位置传感器提供5V参考电压电路、信号电路和低电平参考电压电路。凸轮轴位置传感器信号可输入发动机控制模块（ECM）。这些信号还可用于监测凸轮轴与曲轴的对齐情况。凸轮轴位置传感器不直接影响点火系统的运行。发动机控制模块使用凸轮轴位置传感器信息，确定凸轮轴相对于曲轴的位置。通过监测凸轮轴位置和曲轴位置信号，发动机控制模块可以精确地控制喷油器的工作时间	发动机控制模块带有专用复制凸轮轴位置传感器信号输出电路，可以用作其他模块的输入信号，用以监测发动机转速
点火线圈	每个点火线圈有一个点火电压和一个搭铁电路。每个点火线圈包含一个固态的驱动器模块。发动机控制模块指令点火控制（IC）电路接通，使电流流入初级线圈绕组。发动机控制模块指令点火控制（IC）电路断电时，将会中断流过初级线圈绕组的电流（图5-2）。由初级绕组形成的磁场将与次级线圈绕组的磁力线交叉，产生一个穿过火花塞电极的高压（图5-3）	发动机控制模块（ECM）提供一个低电平参考电压和一个点火控制（IC）电路
爆震传感器	爆震传感器系统使用1个或2个平面响应双线传感器。传感器使用压电晶体电动技术，根据发动机振动或噪声水平产生一个振幅和频率变化的交流电压信号。振幅和频率取决于爆震传感器检测到的爆震水平。发动机控制模块通过高电平信号电路和低电平信号电路接收爆震传感器信号 如果发动机控制模块确定爆震存在，它将延迟点火正时以尝试消除爆震。发动机控制模块将努力返回至零补偿水平或无火花延迟。异常的爆震传感器信号将在噪声信道外或不存在。爆震传感器诊断校准程序可用以检测发动机控制模块内部的爆震传感器电路、爆震传感器线路或爆震传感器电压输出是否有故障。有些诊断校准可以检测由外部影响产生的持续性噪声，如松动/损坏的部件或过大的发动机机械噪声	爆震传感器系统可使发动机控制模块控制点火正时以尽可能获得最佳性能，同时保护发动机免受潜在的爆震损害 如果发动机控制模块确定爆震存在，它将延迟点火正时以尝试消除爆震
发动机控制模块	发动机控制模块监测来自各种传感器的输入信息，如节气门位置传感器、发动机冷却液温度（ECT）传感器、空气流量（MAF）传感器、进气温度（IAT）传感器、车速传感器（VSS）、变速器挡位或挡位信息传感器、发动机爆震传感器、大气压力传感器（BARO）	发动机控制模块控制所有点火系统功能，持续修正点火正时

注：发动机控制模块（ECM）可命令每个点火线圈中的驱动器模块接通/断开。发动机控制模块使用发动机转速、多功能空气流量（MAF）传感器信号以及来自曲轴位置和凸轮轴位置传感器的位置信息，以控制火花的点火顺序、闭合角和正时。

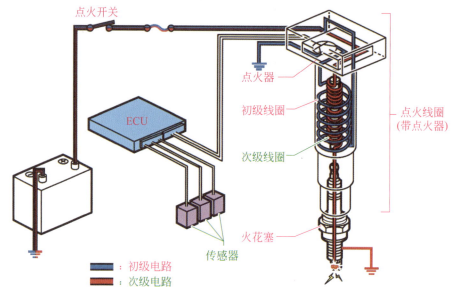

图 5-1　点火系统运行原理

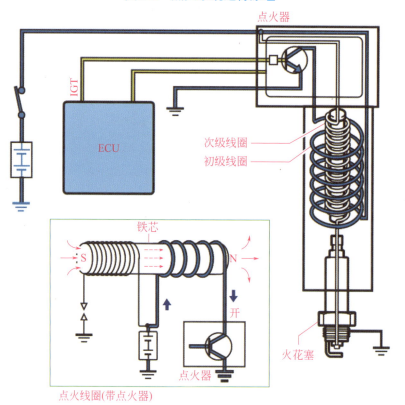

图 5-2　流往初级线圈的电流示意

第五章 不断"充电"——巩固汽修技能

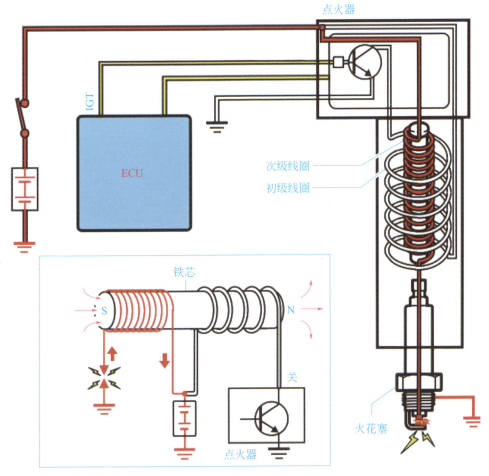

图 5-3 电流停止流往初级线圈示意

二、燃油如何输送和控制

1. 燃油控制

汽油喷射系统按进气量方式分类为 D 型燃油喷射系统和 L 型燃油喷射系统，见图 5-4 和图 5-5。

（1）D 型燃油喷射系统　D 型燃油喷射系统即歧管压力控制型燃油喷射系统，通过检测进气歧管的真空度和发动机转速来确定发动机的进气量，由发动机 ECU 根据进气管确定喷油量。

213

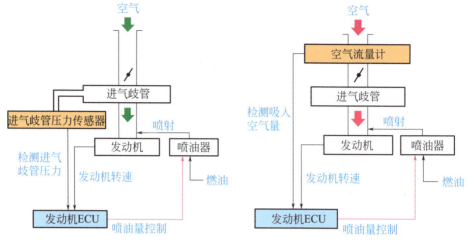

图 5-4　D 型燃油喷射系统　　　　图 5-5　L 型燃油喷射系统

（2）L 型燃喷射系统　L 型燃油喷射系统即空气流量控制型燃油喷射系统，利用空气流量计来直接测量发动机进气量，电子控制单元是不用进行计算分配的，根据空气流量计信号计算与该空气相应的喷油量。由于是直接空气流量计测试，取消了 ECU 推算，所以 L 型燃油喷射系统混合气浓度控制相对比较精确。

2. 燃油系统机理

无回路燃油系统不使热燃油从发动机返回至燃油箱，目的是以此降低燃油箱的内部温度。燃油箱内部温度的降低导致较低的蒸发排放。

电动燃油泵连接至燃油箱内的主燃油箱燃油泵模块。燃油泵通过燃油供油管向高压燃油泵提供燃油。高压燃油泵向可变压力燃油导轨提供燃油。燃油通过精密的多孔喷油器进入燃烧室。发动机控制模块控制高压燃油泵、燃油导轨压力、喷油器正时和喷射持续时间。燃油控制系统见表 5-2。

表 5-2　燃油控制系统

燃油系统	控制机理	重点
无回路电子燃油系统	燃油箱内的限压调节阀提供一个附加的过压保护措施。通过发动机控制模块指令期望的燃油压力，并且通过一个串行数据信息传输给燃油泵电源控制模块。液态燃油压力传感器为"闭环"燃油压力控制提供发动机控制模块所需的反馈	无回路电子燃油系统是一个微处理器控制燃油输送系统，将燃油从油箱运送到燃油导轨。它是传统的机械燃油压力调节器的电子替代品

续表

燃油系统	控制机理	重点
燃油泵电源控制模块	燃油泵电源控制模块向燃油泵输送一个脉宽调制信号，同时泵速根据该信号变化的占空比而改变。燃油泵最大供应电流为15A。液态燃油压力传感器向发动机控制模块提供燃油反馈压力	燃油泵电源控制模块从发动机控制模块接收期望的燃油压力信息，同时控制位于燃油箱内的燃油泵，以达到期望的燃油压力
燃油压力传感器	燃油压力传感器位于燃油箱前的燃油供给管路上，并且通过车辆线束从发动机控制模块接收能量和搭铁	燃油压力传感器向发动机控制模块提供一个燃油压力信号，用于提供"闭环"燃油压力控制
高压燃油泵	高压燃油泵由缸组排气凸轮轴上的一个凸角凸轮驱动。该泵还将执行器用作内部电磁阀来调节燃油压力。为保持发动机在所有工作条件下都可以高效运行，发动机控制模块根据发动机转速和负载，请求2～15MPa的压力。发动机控制模块中的输出驱动器为泵控制电路提供一个12V脉宽调制（PWM）信号，该信号在泵行程期间的特定时间关闭并打开控制阀，以调节燃油压力。这可有效调节泵的每一次行程中传送到燃油导轨的部分。当控制电磁阀未通电时，泵将以最大流量工作。当出现泵控制故障时，泵内的泄压阀将保护高压系统，防止压力超过17.5MPa	直接喷射系统所需的高燃油压力由高压燃油泵提供

注：就无回路燃油系统而言，其采用电子无回路请求式设计。

三、发动机如何产生气缸压力

上述两个问题，第一个问题回答了"火"是怎么来的，第二个是讲了"油"是怎么得到的。既然有"火"、有"油"，那么基本"三要素"就差其中的"压力"发动机就顺利正常运转了。汽油发动机基本原理，见表5-3。单纯的压缩力（气缸压力）问题，是一个纯机械问题，如发动机气门损坏、活塞损坏、连杆损坏等机械故障，都会导致发动机不能正常运行，见图5-6和图5-7。维修后（镗缸）的崭新的发动机见图5-8。

表 5-3　汽油发动机基本原理

行程	基本原理	图示/示意图
进气行程	新鲜空气或汽油空气混合气被吸入燃烧室内 第一冲程进气行程开始时，活塞位于上止点，向下止点方向移动 进气门打开。活塞向下移动时，燃烧室容积增大。此时产生轻微真空压力，从而使新鲜汽油空气混合气通过打开的进气门吸入燃烧室内。活塞到达下止点时，燃烧室内充满汽油空气混合气。进气门关闭	
压缩行程	吸入的新鲜空气或汽油空气混合气被活塞压缩 第二个冲程压缩行程开始，气门都关闭时，活塞从下止点向上止点移动 由于燃烧室容积减小且汽油空气混合气无法排出，因此混合气经过高度压缩。燃烧室内的压力明显增大 进行快速压缩时，燃烧室内的温度也随之升高 活塞即将到达上止点前，混合气被火花塞的火花点燃。此时称为点火时刻。汽油空气混合气开始燃烧并释放出热能。温度升高时气体迅速膨胀。但燃烧室是一个封闭空间，气体无法快速膨胀，因此燃烧室内的压力急剧增大	
做功行程	燃油空气混合气开始燃烧。产生的压力促使活塞向下移动 第三个冲程做功行程开始，燃烧室内的高压向其边界面（燃烧室壁、燃烧室顶和活塞）施加作用力。活塞在作用力下向下止点方向移动。此时容积增大，气体能够膨胀，燃烧室内的压力减小，因此进行做功。燃油内存储的化学能转化为机械功 气体膨胀还导致燃烧室内的温度下降 活塞到达下止点时排气门打开，压力值降至环境压力	

216

第五章 不断"充电"——巩固汽修技能

续表

行程	基本原理	图示/示意图
排气行程	排出燃烧室内的废气 第四个冲程排气行程开始，活塞从下止点向上止点移动 　燃烧室容积减小。通过打开的排气门排出燃烧空气。燃烧室内的压力短时稍稍增大，最后重新降至环境压力 　第四冲程结束且活塞到达上止点时，排气门关闭 　排气行程结束，进气行程开始。四冲程过程重新开始循环作业	

图 5-6　发动机进水导致的连杆弯曲

图 5-7　活塞损坏

217

图 5-8　维修后（镗缸）的崭新的发动机气缸体

四、蒸发排放控制如何运作

1. 蒸发排放（EVAP）系统部件

（1）蒸发排放炭罐　蒸发排放炭罐中装有炭粒，用来吸附和存储燃油蒸气。燃油蒸气储存在炭罐中，直至发动机控制模块确定蒸气可以在正常的燃烧过程中消耗掉。

（2）蒸发排放吹洗泵　蒸发排放吹洗泵用于吹洗蒸发排放炭罐中存储的蒸气，需要提高吹洗容量，以满足蒸发排放要求。蒸发排放吹洗泵具有一体式压力传感器，用于控制来自炭罐的吹洗蒸气。

（3）蒸发排放吹洗电磁阀　蒸发排放吹洗电磁阀控制蒸发排放系统流入进气系统的蒸气流。当发动机控制模块指令打开时，蒸发排放吹洗电磁阀将打开。该常闭电磁阀由发动机控制模块进行脉冲宽度调制（PWM），以精确控制流入发动机的燃油蒸气流量。当发动机运行时，蒸发排放吹洗电磁阀在蒸发排放诊断测试的某些部分中也将开启，以使真空进入蒸发排放系统。

（4）蒸发排放炭罐通风电磁阀　蒸发排放炭罐通风电磁阀控制新鲜空气流入蒸发排放炭罐。蒸发排放炭罐通风电磁阀为常开式。蒸发排放炭罐通风电磁阀仅在由发动机控制模块执行的蒸发排放诊断测试期间关闭，比如严重泄漏和发动机关闭时的固有真空测试。

（5）燃油箱压力传感器　燃油箱压力传感器测量燃油箱和大气之间的压差。不同车辆，传感器可能位于燃油箱顶部的蒸气空间内或燃油箱顶部的蒸气管中。燃油箱压力传感器电压读数高说明存在真空；燃油箱压力传感器电压读数低说明存在压力。

（6）燃油加注口盖　燃油加注口盖密封加注口颈，可能包含真空限压。未正确密封的燃油加注口盖可能引发排放系统故障。

（7）加注口限压通风阀　加注口限压通风阀在加油期间用作切断阀。通过关闭燃油箱的主通风并强制燃油加注喷嘴关闭来控制燃油箱加注液位，防止液体燃油通过蒸发排放蒸气管从燃油箱逸出至炭罐，万一翻车，可关闭油箱至蒸发排放炭罐的蒸气管路，从而防止燃油溢出。

（8）蒸气再循环管　对于完全诊断蒸发排放系统的"车载诊断"，需要燃油加注管和炭罐的蒸气管之间的蒸气管路，也可通过诊断整个蒸发排放系统的任一端来调节维修诊断程序。车载燃油加油蒸气回收系统在车辆加油过程中回收燃油蒸气。蒸气再循环管将燃油蒸气传输至蒸发排放炭罐，以供发动机使用。

蒸发排放（EVAP）系统软管布置见图5-9。

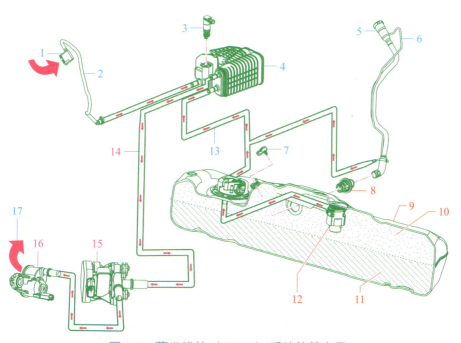

图5-9　蒸发排放（EVAP）系统软管布置

1—蒸发排放炭罐滤清器；2—蒸发排放炭罐滤清器软管；3—蒸发排放通风电磁阀；4—蒸发排放炭罐；5—燃油箱加注软管或燃油箱加注管；6—蒸气再循环管；7—燃油箱压力传感器；8—燃油加注管进口单向阀；9—燃油箱；10—燃油蒸气；11—液体燃料；12—加注口限压通风阀；13—蒸发排放蒸气管；14—蒸发排放炭罐吹洗管道；15—蒸发排放吹洗泵；16—蒸发排放吹洗电磁阀；17—至进气系统

2. 蒸发排放系统的操作

蒸发排放控制系统限制燃油蒸气逸出到大气中。因为油箱中的温度变化，燃油箱蒸气可以从燃油箱通过蒸发排放蒸气管进入蒸发排放炭罐。炭罐中的炭吸附并存储燃油蒸气。蒸发排放炭罐通风电磁阀通过通风软管将多余蒸气排到大气中。蒸发排放炭罐储存燃油蒸气直至发动机能够使用这些蒸气。在合适的时间，发动机控制模块（ECM）将指令蒸发排放吹洗电磁阀接通/打开和蒸发排放吹洗泵打开，使真空施加到蒸发排放炭罐中。在常开蒸发排放炭罐通风电磁阀断开/打开时，新鲜空气通过蒸发排放炭罐通风电磁阀和通风软管吸入蒸发排放炭罐中。通过蒸发排放炭罐吸入新鲜空气，吸出炭中的燃油蒸气。空气/燃油蒸气混合物继续通过蒸发排放炭罐吹洗管道和蒸发排放吹洗电磁阀进入进气系统，然后在正常燃烧中消耗掉。发动机控制模块利用多项测试以确定蒸发排放系统是否泄漏或堵塞。

3. 蒸发排放系统测试

（1）蒸发排放吹洗电磁阀泄漏测试　如果蒸发排放吹洗电磁阀密封不当，燃油蒸气可能在非期望的时刻进入发动机，导致操纵性能故障。发动机控制模块通过指令蒸发排放吹洗泵、蒸发排放吹洗电磁阀断开/关闭和密封系统的蒸发排放炭罐通风电磁阀接通/关闭，对此进行测试。发动机运转时，发动机控制模块监测燃油箱压力传感器真空是否增加。如果在这些测试条件下燃油箱内的真空增加，发动机控制模块将会设置故障码。

（2）蒸发排放系统严重泄漏测试　该诊断测试在蒸发排放系统中产生一个真空故障。满足启用标准时，发动机控制模块指令常开蒸发排放炭罐通风电磁阀接通/关闭，并指令蒸发排放吹洗电磁阀接通/打开，从而在蒸发排放系统中产生真空。然后，发动机控制模块监测燃油箱压力传感器电压，以确认系统能够在设定的时间内达到预定真空度。真空度未达到预定水平表明蒸发排放系统中存在严重泄漏或吹洗通道阻塞或蒸发排放吹洗电磁阀故障。如果发动机控制模块在这些测试条件下检测到真空低于预期水平，则会设置故障码。

（3）蒸发排放炭罐通风堵塞测试　如果蒸发排放通风系统堵塞，将不能正常地从蒸发排放炭罐中吹洗燃油蒸气。执行这项测试时，发动机控制模块指令蒸发排放吹洗电磁阀接通/打开，并指令蒸发排放炭罐通风电磁阀断开/打开，然后监测燃油箱压力传感器真空是否增加。如果在一定时间内，真空增加到超过预期量,表明发动机控制模块将出现故障。

（4）轻微泄漏测试　发动机关闭时的固有真空诊断测试是检测蒸发排放系统中轻微泄漏的诊断。发动机关闭时的固有真空诊断在点火开关置于关闭位置时监测燃油箱压力传感器、蒸发排放炭罐通风电磁阀接通/关闭,蒸发排放吹洗电磁阀断开/关闭。因此,在点火开关置于"OFF（关闭）"位置后,发动机控制模块仍保持启动长达40min可视为正常。

当车辆运行时,因排气系统传热而使燃油箱内的温度升高。关闭车辆后,燃油箱内的温度在一段时间内继续升高,然后开始冷却并降低。发动机关闭时的固有真空诊断测试根据这一温度变化和在蒸发排放系统内的相应压力变化确定是否存在泄漏。

发动机关闭时的固有真空诊断测试能检测小到只有半毫米的泄漏点。

五、废气涡轮增压器如何运作

1. 涡轮增压器的工作

涡轮增压器（图5-10）是通过增加氧质量来增加发动机功率输出的压缩机,从而使燃油进入发动机。双涡旋式涡轮增压器安装在排气歧管上或直

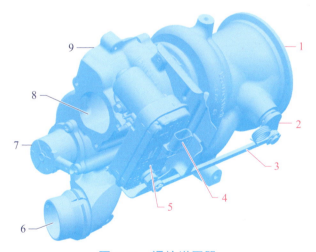

图 5-10　涡轮增压器

1—涡轮增压器涡轮排气出口；2—涡轮增压器排气泄压阀和杆；3—涡轮增压器排气泄压阀执行器杆；4—涡轮增压器排气泄压阀执行器线束连接器；5—涡轮增压器排气泄压阀执行器；6—涡轮增压器压缩机出风口；7—涡轮增压器旁通电磁阀；8—涡轮增压器压缩机进气口；9—曲轴箱强制通风（PCV）污浊空气进口

接安装至缸盖。涡轮通过排气流产生的能量进行驱动。涡轮通过一条轴连接至压缩机，压缩机安装在发动机的进气系统中。离心压缩机叶片将进气压缩至大气压力以上，从而增加进入发动机的空气密度。

涡轮增压器包括一个由发动机控制模块（ECM）通过电机从动执行器控制的废气阀门，用于控制增压压力。涡轮增压器旁通阀（压缩机再循环阀）由发动机控制模块进行控制，用于避免由于节气门突然关闭而造成压缩机喘振或损坏。旁通阀在节气门关闭的减速情况下打开，使空气再循环至涡轮增压器压缩机入口。在节气门全开指令期间，旁通阀关闭以优化涡轮增压响应。

涡轮增压器通过供油排油管连接至发动机加油系统。机油用于保持轴承系统功能，也用于带走涡轮增压器产生的部分热量。涡轮增压器内具有冷却系统电路，能够进一步降低运行温度，并在停机时被动耗散涡轮增压器的轴承壳热量，以防止轴承内机油焦化。宝马某款涡轮增压器实物见图 5-11。

图 5-11　宝马某款涡轮增压器实物

2. 涡轮增压器排气泄压阀执行器

排气泄压阀打开和关闭涡轮增压器壳体内涡轮盘旁的旁通通道，从而使多余的排气压力绕过涡轮，进入下游废气。发动机控制模块控制双向直流电机和执行器，其通过简单的杆和连杆机构连接至排气泄压阀。发动机控制模块在电机控制电路上提供脉宽调制信号，以控制排气泄压阀的方向，并保持其位置。发动机控制模块将串行数据信号转换为相当于排气泄压阀相对位置的值，可在故障诊断仪上以比例（%）和电压观察。

电子排气泄压阀执行器通过压力/真空操纵系统，例如位置震动和泄漏，来解决固有的缺点。由于阀的定位不受系统内的执行器弹簧和瞬变压力抑制，所以电动执行器操作排气泄压阀的速度较气动执行系统快得多，从而可以在所有工作条件下更精确地控制排气泄压阀。电子系统为发动机控制模块提供对排气泄压阀的全权管理，实现在瞬变负载下对阀速度、方向和位置的完全控制，从而提高瞬时响应，显著降低涡轮迟滞。排气泄压阀的默认位置为完全打开，读入值表示为 0。当发动机怠速运转时，排气泄压阀保持打开，接近读入的最小关闭位置（0）。加速时，发动机控制模块指令排气泄压阀关闭至表示为 100% 的读入值，或完全关闭，直至达到期望的增压压力。在部分负载和巡航车速期间，发动机控制模块调节排气泄压阀的位置，以保持所需增压。此工作特性可改善常规方式操纵的排气泄压阀相关的迟滞和喘振。对涡轮增压器内压力波动的精确管理消除了阀反弹，降低了总体磨损，提高了燃油效率。

发动机控制模块向排气泄压阀执行器提供一个 5 V 参考电压电路、一个低电平参考电压电路、一个发动机控制模块内嵌的 H 桥电机方向控制电路和一个异步信号/串行数据电路。异步信号意味着只从执行器向发动机控制模块进行通信。排气泄压阀执行器不能通过信号/串行数据电路接收来自发动机控制模块的数据。排气泄压阀位置传感器提供随排气泄压阀位置变化的信号电压。定制集成电路将基于位置信息的电压转化为串行数据。排气泄压阀位置传感器信息通过信号/串行数据电路在执行器和发动机控制模块之间传送。如果发动机控制模块检测到电机、位置控制或电路存在问题，将设置故障码。排气泄压阀将默认为打开，并停用增压。

3. 涡轮增压器排气泄压阀位置读入

发动机控制模块在每个发动机循环读入排气泄压阀的位置。排气泄压阀关闭位置读入很大程度上取决于涡轮增压器温度。很容易再现涡轮增压器处导致热参考故障的涡轮增压器工作条件。自排气泄压阀可以关闭，且提供极少甚至不提供增压压力起，发动机控制模块在约 500℃ 时读入排气泄压阀位置。因此，如果发动机完全预热且冷却液温度高于 70℃，仅启用涡轮增压器排气泄压阀关闭位置读入。此策略可在怠速时的排气约 500℃ 至发动机高负载时的约 950℃ 的典型发动机工作条件下，使涡轮壳体温度变化对已读入排气泄压阀关闭位置的影响最小化，可解决发动机控制模块部件老化的问题。在点火循环期间，一旦读入排气泄压阀位置，在发动机负载增加，涡轮壳体温度为 950℃ 时，每个点火循环仅允许一次打开方向的更新，允许关闭方向的持续更新，减速时不发生更新。在点火开关置于 "ON（打开）"位置时，启用绿色发动机初始排气泄压阀关闭位置读入，以获取原始 Min/Max（最小 / 最大）位置，然后当发动机首次完全预热后再次启用。

4. 旁通电磁阀（压缩机再循环阀）

涡轮增压器旁通阀用于避免涡轮在低流量和高压时超出压缩机喘振限制。这种情况会在发动机带负载运行，同时节气门突然关闭时发生。在这种情况下，流量几乎为零，同时压力非常高。这不仅会损坏涡轮增压器，而且还会产生噪声并减慢涡轮速度。发动机控制模块向电磁阀输出驱动器提供电压信号来调节打开或关闭阀门的位置。

（1）加速踏板踩下　安装在阀门中的回位弹簧力挤压阀锥，将阀座压入涡轮壳体中，阀门关闭。

（2）加速踏板释放　为了避免进气歧管中的压力峰值并使涡轮卸荷或超限，发动机控制模块将发送电压信号给旁通阀，然后该阀门将打开。涡轮压力侧的压缩空气通过打开的阀门进入进气管。当压力下降时，涡轮速度可以保持相对较高，同时防止涡轮增压器超出压缩机喘振限制。

六、增压空气冷却器如何冷却

涡轮增压空气冷却器系统（图 5-12）由空气 - 空气增压空气冷却器（CAC）系统提供支持，该系统使用通过换热器吸入的新鲜空气来降低涡轮压缩机排出的热压缩空气的温度，然后输送给发动机燃烧系统。进气温度可以降低达 100℃，从而提高性能。这是由于冷却器空气中氧气的密度加大所致，从而改善了燃烧状况。需要使用专用高扭矩固定卡箍的柔性管件将增压空气冷却器连接至涡轮增压器和节气门体上。在进行管道维修作业时，为了防止任何类型的空气泄漏，必须严格遵守紧固规定、清洁度和正确的卡箍定位，这至关重要。

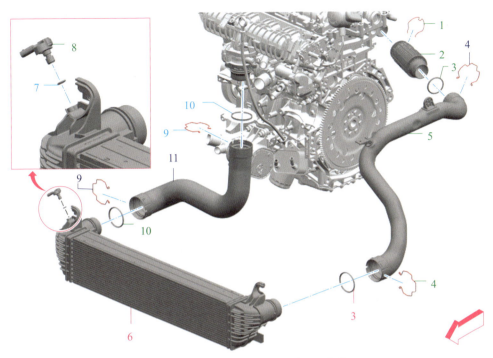

图 5-12　涡轮增压空气冷却器系统

1—涡轮增压器出口管固定件；2—涡轮增压器出口管；3—增压空气冷却器进口管 O 形密封圈；4—增压空气冷却器进口管固定件；5—增压空气冷却器进口管；6—增压空气冷却器总成；7—涡轮增压器空气压力传感器 O 形圈；8—涡轮增压器空气压力传感器；9—增压空气冷却器出口管固定件；10—增压空气冷却器出口管 O 形密封圈；11—增压空气冷却器出口管

　　湿气是内燃机内燃烧过程的天然副产品。增压空气冷却器结冰的根本原因是储存在发动机机油内的蒸发湿气，其通过曲轴箱强制通风（PCV）副（通气）路径，在涡轮增压器压缩机前进入进气系统。一般而言，副曲轴箱强制通风路径用于高速或瞬时操作期间，可导致歧管绝对压力（MAP）高于 90 kPa。机油中湿气含量过高，可能会导致在这些发动机工作条件期间，使用副曲轴箱强制通风路径代替主路径时增压空气冷却器快速结冰。如果机油温度在数次行驶循环过程中保持低于 80℃，在寒冷天气下短距离行驶会导致增压空气冷却器由于发动机机油中的湿气迅速增加而结冰。

当现有环境空气温度会增加发动机机油中的湿气含量时，将启用增压空气冷却器结冰的预防：环境空气温度低于或等于-5℃持续3次冷启动，在上2个发动机循环期间机油温度不高于80℃持续一段时间。当预防模式启用时，故障诊断仪参数："检测到机油中的含水量过高"将显示"是"，采用备选换挡计划（换挡延迟），且禁用最终挡位。此工作模式使发动机在较低负载时以较高转速工作，可保持曲轴箱强制通风流经主曲轴箱通风路径。预防模式将在以下情况时复位：在上一发动机循环期间，机油温度高于或等于80℃持续一段时间。或者在第三次冷启动时，环境温度高于-5℃。

在行驶时，如果存在会造成增压空气冷却器结冰的条件，将启用增压空气冷却器结冰检测。环境空气温度低于或等于-5℃，且节气门进气压力（增压压力）不在计算的增压压力的预定范围内。

故障诊断仪中的"在增压空气冷却器内检测到"参数将显示"是"，且控制装置系统将采用之前所述的备选换挡计划，以缓和结冰状况。

如果启用了检测模式且增压压力偏差使 DTC P0299 设置，故障诊断仪中的"发动机因增压空气冷却器中结冰而增压不足"将显示"是"，且采用备选换挡计划。

检测模式将在以下情况时复位：发动机关闭时环境空气温度高于或等于-5℃，且点火开关在接下来的 8h 保持在"OFF（关闭）"位置。或者点火开关置于"OFF（关闭）"位置至少 3h，且环境空气温度在下个点火循环时高于或等于-5℃。

七、空调系统如何形成制冷循环

制冷剂是空调系统制冷的关键因素。冷媒 R-134a 是一种超低温气体，能够将乘客舱的多余热量和湿气转移至车外。空调制冷循环见图 5-13。拆下仪表台取出的空调器总成见图 5-14 和图 5-15。

1. 压缩机

空调压缩机由皮带传动，并在电磁离合器接合时工作。压缩机对气态制冷剂施加压力。压缩制冷剂也会使制冷剂变热。制冷剂通过排放软管从压缩机排出，并被强制流向冷凝器，然后通过空调系统的平衡装置。通过使用一个高压泄压阀使空调系统获得机械保护。如果高压开关出现故障，或制冷剂系统堵塞且制冷剂压力持续上升，则高压限压阀会弹开并释放系统中的制冷剂。

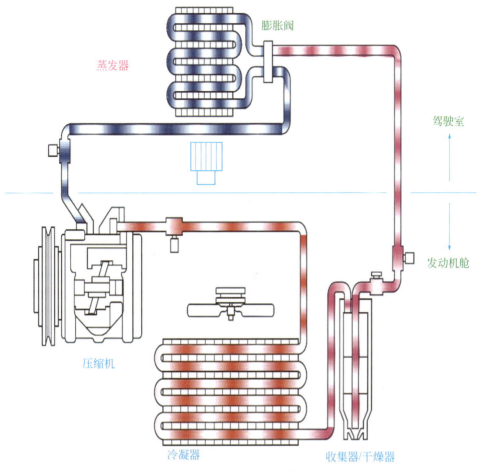

图 5-13 空调制冷循环

经压缩的制冷剂以高温高压蒸气状态进入冷凝器。当制冷剂流经冷凝器时，制冷剂热量被通过冷凝器的环境空气带走。制冷剂的冷却导致制冷剂凝结，并从气态转化为液态。

2. 冷凝器

冷凝器位于散热器的前方，以达到最大热交换效果。冷凝器由铝和铝制散热片制成，可使制冷剂快速进行热交换。半冷却的液态制冷剂流出冷凝器，且流经液管。液管分流，液态制冷剂流经前和后热膨胀阀。

3. 热膨胀阀和蒸发器

热膨胀阀安装在蒸发器上。热膨胀阀是空调系统高压侧和低压侧的分界点。当制冷剂通过热膨胀阀时，制冷剂压力降低。由于液态制冷剂的压力差，制冷剂在热膨胀阀内开始气化。热膨胀阀还测量可能流入蒸发器的液态制冷剂的量。

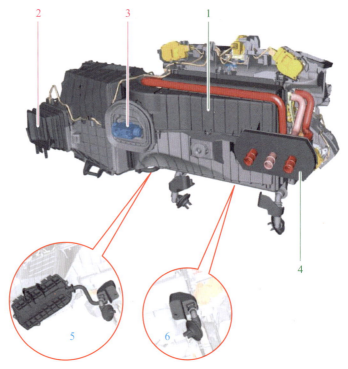

图 5-14　拆下仪表台取出的空调器总成

1—暖风和空调器；2—通过防尘套输送空气；3—制冷剂循环回路/膨胀阀接口；4—至暖风热交换器的管路接口；5—滤清器壳体和右侧暖风和空调器的冷凝水出口；6—左侧暖风和空调器的冷凝水出口

图 5-15　拆下仪表台取出的空调器总成（总成壳体内是蒸发器和暖风水箱）实物

流出热膨胀阀的制冷剂以低压、液态形式流入蒸发器芯。HVAC模块将环境空气抽入并使其流经蒸发器芯。暖湿空气会导致蒸发器芯内的液态制冷剂沸腾。沸腾的制冷剂从环境空气中吸收热量，并将湿气吸附在蒸发器上。制冷剂流出蒸发器，回流经过热膨胀阀，进入吸入管并以气态回到压缩机，完成空调散热循环。在压缩机内，制冷剂再次被压缩，空调散热循环重新开始。

八、氧传感器如何进行监测工作

发动机控制模块控制闭环空气/燃油计量系统，以提供最佳的操纵性能、燃油经济性和排放控制组合。发动机控制模块监测加热型氧传感器信号电压，并在闭环模式下根据信号电压调节燃油输送量。短期燃油修正值将快速地发生变化以响应加热型氧传感器信号电压的变化。这些变化将对发动机供油进行微调。长期燃油修正值根据短期燃油修正的变化而变化。长期燃油修正对供油进行粗调，以回到居中位置并恢复对短期燃油修正的控制。

1. 加热型氧传感器

启动发动机后，控制模块在开环模式下运行，计算空燃比时忽略加热型氧传感器信号电压。当发动机运行时，加热型氧传感器升温且开始产生在 $0 \sim 1000\,\text{mV}$ 的电压。控制模块监测到加热型氧传感器电压波动达到一定程度后，进入闭环模式。该控制模块利用加热型氧传感器电压确定空燃比。加热型氧传感器电压朝 $1000\,\text{mV}$ 方向升高，表示燃油混合气偏浓；加热型氧传感器电压朝 $0\,\text{mV}$ 方向减少，表示燃油混合气偏稀。

加热型氧传感器（图5-16）用于燃油控制和后催化器监测，安装在三元催化器上。每个加热型氧传感器将周围空气的氧含量与排气流中的氧含量进行比较。加热型氧传感器必须达到工作温度才能提供准确的电压信号。加热型氧传感器内部的加热元件可最大限度缩短传感器达到工作温度所需的时间，这就使得系统能更早地进入"闭环"模式，并使控制模块更快地计算空燃比。点火电压电路通过一个熔丝将电压提供给加热器。发动机运行时，加热型氧传感器加热器的低电平控制电路通过发动机控制模块内的低电平侧驱动器向加热器提供搭铁。发动机控制模块利用脉宽调制（PWM）以控制加热型氧传感器加热器工作，使加热型氧传感器保持在规定的工作温度范围内。

2. 宽频带型加热型氧传感器

宽频带型加热型氧传感器测量排气系统中的氧含量，提供比开关型加热型氧传感器更多的信息。宽频带型加热型氧传感器由氧传感单元、氧抽吸单元和加热器组成。废气样本流经传感单元和抽吸单元之间的扩散区。发动机控制模块（ECM）向加热型氧传感器提供电压，将此电压作为排气系统氧含量的基准。发动机控制模块中的电子电路通过氧抽吸单元控制泵电流，保持氧传感单元电压恒定。发动机控制模块监测传感单元的电压变化，试图通过增减至抽吸单元的电流大小或氧离子流量来保持电压恒定。通过监测保持传感单元电压需要的电流大小，发动机控制模块可确定排气氧浓度。加热型氧传感器电压以 λ 值显示。λ 值 1 相当于 14.7∶1 的空燃比。正常工作条件下，λ 值保持在 1 左右。燃油系统的空燃比低时，氧含量高，λ 信号高或大于 1。燃油系统的空燃比高时，氧含量低，λ 信号低或小于 1。发动机控制模块利用该信息保持正常的空燃比。如果发动机控制模块检测到加热型氧传感器信号电压过低，此故障码将设置。

扫一扫

视频精讲

图 5-16　加热型氧传感器

每个加热型氧传感器内的加热元件对传感器进行加热，使其迅速预热至工作温度。这就使得系统能更早地进入"闭环"模式，并使控制模块更快地计算空燃比。

九、电子动力转向如何运作

电子动力转向系统的电控部件包括动力转向控制模块、传感器、动力转向电机（图 5-17），还有一个扭矩传感器。

在使用动力转向控制模块控制动力转向电机以便操作转向齿条时，带传动电动助力转向系统可以减少车辆转向所需力度。动力转向控制模块利用来自扭矩传感器、电机旋转传感器、蓄电池电压电路和串行数据电路的输入确定电机辅助级别。来自串行数据电路的车速和发动机转速还用于调整转向车辆所需的转向助力大小。在低速情况下，提供较大的助力以便在驻车操作中进行转向；在高速情况下，提供较小的助力以便提高路感和方向稳定性。

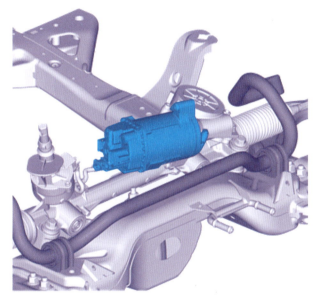

图 5-17　动力转向电机

扭矩传感器固定在输入轴附近的转向机壳体上，对于电动助力转向系统的正常工作至关重要。转动方向盘并向转向轴施加扭矩时，扭矩传感器监视输入扭矩量。

动力转向控制模块通过指令输送至动力转向电机的电流，对扭矩传感器和电机旋转传感器做出响应。

动力转向控制模块和电机连接至转向机壳体底座，通过带传动和转向螺母机构向转向齿条提供助力。转向螺母机构将带传动系统的旋转运动转换为转向齿条的横向运动。动力转向控制模块可以检测电动助力转向系统中的故障。检测到停用转向助力的故障会使驾驶员信息中心出现"维修动力转向系统"的信息。此外,动力转向控制模块计算内部系统温度,用于保护动力转向系统不受高温损坏。当计算的温度超过预定水平时,则降低指令输送至动力转向电机的电流量,这将导致辅助水平暂时降低。计算的温度降至预定水平以下后,就会恢复最大辅助。

扫一扫
视频精讲

扫一扫
视频精讲

扫一扫
视频精讲

参考文献

[1] 周晓飞.汽车维修工入门全程图解[M].北京：化学工业出版社，2019.

[2] 人力资源和社会保障部,交通运输部.国家职业技能标准：汽车维修工（2018年版）[S].北京：中国劳动和社会保障出版社，2019.

[3] 顾惠烽等.汽车常见故障 识别·检测·诊断·分析·排除[M].北京：化学工业出版社，2020.

[4] 郭建英等.汽车零部件识别与故障处理大全[M].北京：化学工业出版社，2021.

本书配套视频清单

序号	视频内容		页码
1	认识车身电气系统		4
2	检测气缸压力		20
3	更换燃油滤清器		28
4	起动机	4.1 什么是起动机	29
		4.2 更换起动机	
5	节气门	5.1 节气门拆装与清洗	49
		5.2 检测节气门总成	
		5.3 检测节气门线路	
6	检查与更换传动皮带		53
7	减振器	7.1 拆卸减振器	55
		7.2 分解减振器	
		7.3 组装减振器	
		7.4 安装减振器	
8	更换变速器油		69
9	更换空调滤清器		70
10	添加制冷剂		72
11	空调系统抽真空		73-1
12	更换冷却液		73-2
13	火花塞	13.1 更换火花塞	75
		13.2 检查火花塞	
14	喷油器	14.1 检测喷油器波形	78
		14.2 检测喷油器电压	
		14.3 检测喷油器线路	
		14.4 检测喷油时间	

续表

序号		视频内容	页码
15	蓄电池	15.1 认识蓄电池	80
		15.2 更换蓄电池	
16		轮胎的检查与更换	85
17		清洁空调滤芯	87-1
18		更换空气滤清器	87-2
19		水泵的拆卸与安装	90
20		传动轴、万向节及橡胶护套的检查或更换	93
21	制动系统	21.1 盘式制动器的检查	105
		21.2 更换制动液	
22	发电机	22.1 发电机概述	116
		22.2 发电机拆装	
23		进气歧管拆装	120
24		气缸盖、气缸垫拆卸与安装	121
25		凸轮轴拆卸和安装	122
26		曲轴皮带轮拆卸与安装	125
27	曲轴	27.1 拆卸曲轴	134
		27.2 安装曲轴	
		27.3 更换曲轴霍尔传感器	
28	活塞连杆组	28.1 活塞连杆组拆装	137
		28.2 安装活塞连杆组	
		28.3 活塞连杆组件装入缸体	
29	油底壳	29.1 油底壳的介绍及作用	139
		29.2 安装油底壳	
30	自动变速器输入轴	30.1 拆卸自动变速器输入轴转速传感器	144
		30.2 安装自动变速器输入轴转速传感器	
31		更换机油机滤	164
32		更换离合器片	187
33		空调系统压力检测	199
34	冷却液温度传感器	34.1 检测冷却液温度传感器 1 的电压	209
		34.2 检测冷却液温度传感器 1 的线路	
35	氧传感器	35.1 检查氧传感器	230
		35.2 检测氧传感器线路	
		35.3 检测氧传感器电压	
36		拆卸空挡位置传感器	232-1
37		拆卸水温传感器	232-2
38	更换正时	38.1 2.0 升汽油发动机更换正时链条	232-3
		38.2 2.2 升 TD4 柴油发动机正时皮带的拆卸与安装	